K-POP

O MELHOR GUIA DE K-POP REAL OFICIAL

POR PEDRUGO

PEDRO PEREIRA E HUGO FRANCIONI

3ª EDIÇÃO

— **Galera** —

RIO DE JANEIRO

2018

SUMÁRIO

OI, PESSOAL! Nós somos o Pedro e o Hugo, do canal Pedrugo (entendeu? Pedro + Hugo = Pedrugo! Este é o nome do nosso **SHIP**, algo também muito comum no K-Pop). Se você não nos conhece do YouTube, nós costumamos falar sobre diversidade, livros e K-Pop, claro. E, na maioria das vezes, estamos vestidos de unicórnios também (é sério!). Como fãs, é uma honra termos recebido o convite para escrever um dos primeiros livros sobre K-Pop do Brasil. Para todos que duvidaram da gente, segura essa moral agora!

Brincadeiras à parte, neste livro tentamos compartilhar um pouco do nosso conhecimento do incrível universo que é o K-Pop. Então, mesmo que você seja um expert no assunto, irá encontrar informações, fatos e curiosidades para conversar com os amigos, além de admirar as fotos dos seus **BIAS**. Agora, se você se perguntou o que são *bias*, este é o livro certo para ingressar no mundo mágico do pop coreano, que além de maravilhoso e viciante, troca de pentea-

do a cada *comeback*. E, se você estiver aqui por ser fã do nosso trabalho, mas nunca ouviu falar de K-Pop, continue lendo até o final — juramos que não vai se arrepender.

Mas, antes de começarmos, vamos contar como esse estilo musical entrou em nossas vidas e nos fez criar praticamente uma seita de adoração! (A gente sabe que ninguém se importa, mas vamos respeitar o nosso espaço aqui porque a editora pediu um certo número de páginas, ok?).

Era uma vez um garoto chamado Pedro que, em 2009, lá pelos seus 15 anos, fuçava alguns fóruns online e acabou se deparando com "Gee", do Girls' Generation (um hino é um hino, né?). Aquele montão de garotas em um MV supercolorido (no K-Pop não chamamos de clipe, mas de MV, mais para a frente vocês irão entender melhor todos os termos), com um refrão chiclete e uma coreografia encantadora, acabou ganhando o seu coraçãozinho. Esse foi o primeiro contato. Mas, como na época não era um gênero tão popular no Brasil como é hoje, foi só em 2014, quando conheceu um amigo CAPOPEIRO,

 que ele acabou entrando de vez neste mundo. Pedro, juntamente com este amigo, tentou apresentar o gênero musical ao Hugo, que reagiu da melhor forma possível:

"NÃO GOSTO E NÃO QUERO QUE TOQUE ISSO NO MEU CARRO! QUER OUVIR? COLOCA UM FONE DE OUVIDO!"

9

Sim, ele resistiu enquanto pôde. Foi só em 2015, com o *debut* de TWICE com "Like Ooh-Ahh", que seus olhinhos encheram de brilho ao ver a Momo batendo cabelo com aquele *break* viciante e bem LEMISSI! Depois disso, foi um caminho sem volta.

E é por esse caminho que queremos levar vocês. Apresentar o gênero musical que está cada vez mais popular no Brasil, divulgar e enaltecer nossos grupos ULTIMATES e panfletar aqueles que merecem um pouco mais de atenção (ou em outras palavras: tirar do FLOP para evitar o DISBAND). Não se assustem, sabemos que é muita informação para uma página só, mas prometemos que até o final deste guia, vocês estarão graduados na Academia Kpopper do Pedrugo (o que não garante nenhum diploma ou cargo de melhor funcionário na empresa, mas fará você conhecer muita gente legal, artistas incríveis e aprender sobre uma cultura diferente e super--rica, além de perceber que K-Pop é muito mais que um gênero musical, é um estilo de vida. Ufa! Quanta coisa para colocar dentro de um parêntese, né?). Divirtam-se e esperamos que o K-Pop mude a vida de vocês para melhor, assim como mudou a nossa!

VAMOS COMEÇAR com o básico: *K-Pop é a abreviação de korean pop, ou seja, a música popular da Coreia* 케이팝

romanização revisada: kei-pap).

Aí você se pergunta:

QUAL A DIFERENÇA ENTRE O POP COREANO E O AMERICANO?

Inicialmente, nenhuma. As batidas e danças lembram muito o gênero musical dos Estados Unidos que já conhecemos. Mas quanto mais você vai ouvindo, quanto mais vai se aprofundando, mais nítidas ficam as diferenças. Além do idioma, claro, toda a mecânica por trás dos lançamentos de músicas e da formação de grupos coreanos é algo bem distinto do pop americano. Muitas pessoas acabam criando uma imagem de que o K-Pop é música fofa, colorida e com ritmo de abertura de *anime* (animações japonesas). O que não está totalmente errado, já que por um bom tempo o K-Pop teve o Japão como referência, mas não é mais bem assim. Hoje, o

K-Pop abrange praticamente todos os gêneros da música popular dentro da Coreia do Sul, com maior destaque no

Muitos artistas consolidaram carreira na Coreia do Sul, como Cho Yong-pil, um dos maiores cantores da década de 1980 (que acabou sumindo no início dos anos 1990, mas retornou em 2013, com "Bounce", destronando Psy do topo das paradas musicais). Mas nem mesmo Cho Young-pil e diversos outros grandes artistas históricos chegaram a fazer parte do K-Pop. Não da forma que nós conhecemos. Isso porque o gênero nem sempre teve a cara que tem hoje. Aliás, é uma história muito boa, com clima de novela mexicana. Vocês estão preparados? Nós esperamos que estejam, porque tem reviravolta!

O K-Pop moderno teve sua estreia no dia 23 de março de 1992. O que teve de tão im-

portante nessa data? O lançamento do primeiro álbum de Seo Taiji and Boys. O grupo era formado por Seo Taiji, que aos 17 aninhos, convidou seus amigos Yang Hyun-suk e Lee Juno para formar um grupo de hip hop que produzisse um tipo de música diferente do que o público coreano estava acostumado a escutar. Tanto que a música deles de estreia, "I Know", alcançou o topo dos CHARTS (como chamamos as paradas musicais por lá), começando uma verdadeira revolução musical. Desde então, o gênero seguiu recebendo influências da música eletrônica, pelo R&B e até mesmo do rock coreano.

Outro responsável por levar para a Coreia do Sul uma nova versão do K-Pop foi Lee Soo-Man. Lee era um cantor bem popular, DJ e apresentador de televisão nos anos 1970 (só faltou ser ex-BBB para completar esta lista). Porém, ele resolveu abandonar a Coreia do Sul e cursar engenharia elétrica na Califórnia. Lá, ele aproveitou para "estudar" a MTV e as maiores influências musicais americanas, pensando em uma forma de como levar este estilo para o seu país natal. Assim que retornou, criou a SM ENTERTAINMENT, na qual tentava transformar jovens talentos em ver-

dadeiras estrelas. Com seu olhar visionário, Lee percebeu que os ídolos precisavam muito mais do que apenas cantar e dançar. Necessitavam também de humildade, atitude, boa linguagem e até mesmo bom posicionamento diante da mídia. E foi aí que surgiu o grupo H.O.T. (High-Five of Teenagers), como resultado da energia do pop americano com um sistema de treinamento coreano super-rigoroso.

Vendo o sucesso que o H.O.T. fazia, a SM ganhou uma concorrente. Lembram do Yang Hyun-suk, membro do Seo Tai-ji and Boys? Nós avisamos que ele seria importante. Pois bem, Yang resolveu inaugurar a YG ENTERTAINMENT! E não para por aí, pois no ano seguinte, Park Jin-young, que já tinha uma carreira solo consolidada, também criou sua própria empresa musical, a JYP Entertainment. E, em pouco tempo, com cada novo grupo e nova produtora que surgia, o K-Pop foi crescendo e se transformando em algo maior e melhor. Deixou de ser apenas um gênero musical e se tornou um movimento artístico e cultural. Tanto empresas quanto *idols* passaram a trabalhar duro em cada lançamento na tentativa de entregar algo beirando a perfeição para os seus fãs.

A cultura pop coreana foi se tornando, então, um fenômeno cada vez mais globalizado. Depois de se consolidar dentro do próprio país, aos poucos o sucesso foi atingindo o resto do mundo. No final dos anos 1990, o ritmo chegava ao leste da Ásia, se propagando para o Japão na virada do século XXI e chegando ao Ocidente no final da primeira década dos anos 2000. O gênero absorveu diferentes tipos de influências do pop internacional e, hoje, se tornou um estilo distinto e único, transcendendo a experiência da audiência em ouvir música. Transformou-se em um dos mercados mais ricos, tanto em ganho monetário, quanto em diversidade cultural. Plataformas como o YouTube e outras redes sociais garantiram um público cada vez maior no exterior, servindo como porta para o mercado estrangeiro de entretenimento e sendo até mesmo reconhecido pela revista *Time* como "a maior exportação da Coreia do Sul". E tem gente que diz que a internet não traz nada de bom para a nossa vida, né?

OBRIGADO, INTERNET, POR PROPAGAR O K-POP EM ÂMBITO GLOBAL!

A indústria do K-POP

COMO FALAMOS anteriormente, foi com a formação das empresas de entretenimento que o K-Pop passou a tomar forma. Hoje, as três maiores e principais empresas, chamadas de "Big Three", são a S.M. Entertainment, a YG Entertainment e a JYP Entertainment. A SM é, sem sombra de dúvida, a maior companhia, responsável por muitos dos maiores grupos das duas últimas décadas. Já a JYP possui forte influência criativa de seu fundador, JY Park. Um dos seus grupos, Wonder Girls, foi o primeiro de K-Pop a alcançar os *charts* da *Billboard*. Enquanto isso, a YG tenta seguir uma pegada mais hip-hop e cheia de atitude. Possui no seu time o cantor Psy, que conquistou o título de vídeo mais visto do mundo com **"GANGNAM STYLE"**, além de ser o primeiro vídeo do YouTube a alcançar 1 bilhão de visualizações.

A quarta força da indústria do entretenimento fica nas mãos da Cube Entertainment, que foi fundada por um dos antigos diretores da JYP. Além dessas, ainda podemos contar com outras empresas que ocupam um espaço considerável dentro do ramo, como a Big Hit, DSP Media, Jellyfish, Pledis e Starship.

Cada empresa tem a sua maneira de trabalhar, mas, no geral, seguem a mesma fórmula: buscar jovens com potencial, submetendo-os a um treinamento extremamente rígido, até que eles estejam preparados para o DEBUT, ou seja, a estreia no mundo do K-Pop. Aí entra outro ponto muito importante: a formação de um grupo!

Tudo começa com uma audição. Até mesmo se o artista foi indicado por algum olheiro, acabará passando por um teste da empresa. E, atualmente, as empresas não buscam mais apenas uma grande voz, um rosto bonito ou talentosos passos de dança. Elas procuram um pacote completo, somado a determinação e esforço, pois a jornada é longa. Caso seja aprovado na audição, a pessoa se torna um TRAINEE, que nada mais é do que artista de K-Pop em treinamento. Todo ídolo de K-Pop já foi *trainee* um dia, é o começo de tudo. E é preciso estar preparado para longos dias (e talvez até longas noites) de treinamento de canto, dança, linguagem, desenvoltura no palco e tudo o que uma estrela precisa saber. É muito importante que o *trainee* dê sempre o seu melhor, pois estará dividindo dormitório com outros jovens que possuem o mesmo objetivo. Se você

está se perguntando depois de quanto tempo um *trainee* consegue debutar, nós não sabemos responder. A verdade é que não existe um tempo exato, depende muito do esforço e talento do artista. Alguns podem conseguir seu *debut* em um ou dois anos de treinamento, ou podem esperar até 10 anos e, ainda assim, ficarem aguardando a chance de entrar em algum grupo.

Quando o *trainee* recebe a oportunidade de entrar em um grupo, ele assina um novo contrato com a empresa e passa a ensaiar para o seu *debut*. Considerando que a empresa investiu bastante dinheiro (bastante mesmo!) durante o treinamento, é comum resultar em contratos de períodos longos, podendo chegar a mais de dez anos.

É válido lembrar que não existe uma regra absoluta no K-Pop. Você encontra cantores solo (como a BoA), duplas (como os irmãos do AKMO), ou até mesmo grupos com muitos integrantes (como o Cosmic Girls, que possui treze artistas). Também existem grupos apenas com garotos (BTS), só de garotas (BLACKPINK), ou misto (como é o caso de K.A.R.D).

E para você, amigo brasileiro, que tem o sonho de ser um ídolo de K-Pop, eu trago uma boa notícia: K-Pop é global! Diversos grupos possuem membros que não são coreanos ou de descendência asiática. Inclusive, rolam audições dessas empresas em vários países ao redor do mundo, ou até mesmo a formação de um grupo nacional seguindo a fórmula do K-Pop, como foi o caso do Champs, aqui no Brasil!

Mas tudo tem um lado ruim: os ídolos de K-Pop vivem basicamente para as suas carreiras. Por isso, poucos namoram (ou pelo menos não tornam público). Isto porque, seja durante o treinamento ou mesmo depois da estreia, os artistas estão sempre ocupados demais para terem tempo de se envolver com outra pessoa. Além disso, as próprias empresas não apoiam muito os relacionamentos, algumas chegam a proibir que os *idols* namorem por um período de tempo. Parece um pouco invasivo, mas é que os ídolos são "vendidos" como um(a) namorado(a) aos fãs, alimentando esse desejo e paixão de um dia poderem se casar com o ídolo. Então, um relacionamento poderia arruinar toda esta ilusão. Sem contar que os fãs mais histéricos

podem se exaltar e até mesmo odiar a pessoa que estiver namorando o seu ídolo, causando problemas. Mesmo havendo situações de fãs revoltados com relacionamentos de famosos em todo o mundo, ainda é mais fácil um artista ocidental assumir um relacionamento do que um coreano.

Outra forma que as empresas adotam para formar os grupos são os REALITY SHOWS. Eles selecionam um número X de *trainees* da sua agência e os colocam em um programa de sobrevivência. Calma, ninguém joga o povo em uma ilha deserta com apenas fósforos e um cantil vazio! É que os programas de competição realmente levam este nome, mas é como um THE VOICE. Os ídolos passam por provas de eliminação que desafiam seus talentos artísticos, e os finalistas acabam formando um grupo. Uma das vantagens de se montar um grupo por *realities* é que o público já conhece os membros e acaba se apegando antes mesmo do grupo estrear. Tanto que, em alguns casos, é aberta a votação para o público ajudar na eliminação (o que acaba prevalecendo muitas vezes mais a popularidade do que o talento do *trainee* em si). É quase um Big Brother Brasil, só que sem os barracos,

os poemas intermináveis do Pedro Bial e um prêmio milionário (até porque, o dinheiro só vai chegar se o grupo fizer sucesso).

No caso de grupos que não são formados por reality shows, algumas empresas optam por criar um programa próprio para o grupo debutado, visando focar no cotidiano dos integrantes e um pouco da vida pessoal de cada um. Acompanhar o dia a dia do grupo, seja em um passeio ou em brincadeiras, e até mesmo na visita à família de um integrante. Esta é uma ótima estratégia para aproximar o público, e é muito importante para o fã ter uma identificação com o seu ídolo, pois vê-lo fora dos palcos fazendo coisas comuns como qualquer pessoa cria um laço de afinidade. O artista também tem problemas, sente fome e sono, ri e chora, e esta tática, que não deixa de ser marketing, ajuda a estabelecer uma conexão entre fã e ídolo.

Falando nos grupos, é importante ressaltar que cada membro ocupa uma função. Reza a lenda que boa parte desta divisão veio da organização e doutrina coreana, enquanto as más línguas dizem que é só um motivo para as empresas colocarem gente bonita e sem talento dentro de um grupo. Nós, particularmente, preferimos acreditar na primeira opção. A voz é uma das qualidades mais essenciais para se destacar em um grupo de K-Pop. Afinal, é impossível não se arrepiar com as *high notes* longas, certo? E, entre os *vocal lines*, que são os cantores do grupo, temos as seguintes subdivisões:

MAIN VOCAL

(vocalista principal), geralmente quem possui a melhor voz e acaba ficando com as partes mais difíceis da música;

LEAD VOCAL

(vocalista-guia), que, na maioria das vezes, é quem tem a melhor voz depois do principal;

SUBVOCAL,

que é o vocal de apoio;

A RAP LINE E DANCE LINE

Os rappers e dançarinos também seguem a divisão de principal, guia e apoio. E, além de serem separados pelo seu talento de canto, dança e rap, os membros também são classificados por sua beleza, presença de palco e até idade. Isso porque, em um grupo, os integrantes exercem diferentes funções.

LÍDER
é o/a responsável pelo grupo, sendo uma ponte de comunicação entre a agência e o grupo. Na maioria dos casos, o líder é o integrante mais velho, mas essa não é uma regra que é seguida sempre;

VISUAL
é o considerado mais bonito entre os membros do grupo;

FACE
é o "rosto/imagem" do grupo, por normalmente ser o mais popular;

MAKNAE
é o mais novo do grupo e, por isso, considerado o mais fofinho.

    É válido lembrar que um mesmo componente pode ter mais de uma função dentro do grupo. Como por exemplo o Shownu, do MONSTA X, que é líder, *main dancer* e *vocal lead* (só falta lavar, passar e cozinhar para ser o ídolo que todos nós pedimos aos deuses!). O inverso também acontece, uma mesma função pode ser ocupada por mais de um integrante do grupo, como é o caso do TWICE, em que o cargo de *main vocal* é ocupado pela Nayeon e pela Jihyo. Exceto o VISUAL e o FACE, que, na maioria das vezes, contêm apenas um em cada grupo.

E se engana quem pensa que produzir música de boa qualidade é a única preocupação das empresas de entretenimento. O K-Pop dita regras e tendências que irão influenciar milhares de pessoas. Desde a dança até as performances ao vivo, cada detalhe importa. As músicas são escritas já pensando no futuro, na coreografia, na apresentação, no figurino… Até as letras das músicas buscam se diferenciar do comum. São mais emotivas, descrevendo sentimentos ou uma metáfora. É paixão, é arte e, principalmente, muito trabalho duro!

O MERCADO DO K-POP

ALÉM DE UM idioma diferente, grupos com muitas pessoas e coreografias que parecem impossíveis de reproduzir, existem outras características bem específicas que a gente só encontra no K-Pop. E, para entender todo o universo midiático, precisamos conhecer algumas das suas peculiaridades.

Por exemplo, quando um grupo ou artista novo vai ser lançado é chamado de **DEBUT**. Assim como o baile de debutante é a apresentação de uma jovem para a sociedade, quando um grupo ou artistas debutam, eles estão sendo apresentados ao público. Esse *debut* consiste no lançamento de um álbum ou miniálbum, tendo normalmente um *single* de divulgação (às vezes acontece de ter dois) acompanhado de um clipe do mesmo. Aliás, outra coisa que você precisa se acostumar é que, no K-Pop, não chamamos os vídeos de música de clipe, mas de MV (*music video*). Logo após o lançamento, os debutados começam a aparecer em programas de variedades, que são específicos para *performances*, para apresentar a sua música. Esse tipo de apresentação é chamado de *debut stage*, e acontece em programas de TV como

o M COUNTDOWN, SHOW MUSIC CORE, INKIGAYO, SHOW CHAMPION E MUSIC BANK.

Passada toda a fase de lançamento, o grupo volta a treinar para o seu retorno, que é chamado de *comeback*. Assim como no *debut*, no COMEBACK é lançado um álbum ou miniálbum, com um (ou dois) *single* acompanhado de MV e apresentações em programas de auditório (só que, nesse caso, é chamado de *comeback stage* por motivos óbvios, né?). É como se a carreira dos grupos fosse toda programada, fazendo parte de um roteiro. Como já dissemos, o K-Pop vai além do gênero musical, é um estilo cultural propriamente dito.

Falando nos programas de TV, existe uma premiação para os maiores *hits*. Os lançamentos musicais mais recentes concorrem entre si, levando em consideração diversos fatores, como a quantidade de visualizações do MV, número de vendas do *single* e, principalmente, por voto popular em mensagens de texto. Caso seja a primeira vez que o grupo esteja ganhando com aquela música, é chamado de *First Win* (Primeira Vitória). Se o grupo tiver a sorte de,

durante o período de divulgação do *single*, ir em um mesmo programa e ganhar três vezes este prêmio com a mesma música, é chamado de TRIPLE CROWN (Coroa Tripla), como é o caso do BIGBANG, que já ganhou esse prêmio com oito músicas só no programa Inkigayo √. Depois disso, a música deixa de participar da competição, já que três é o limite de prêmios que uma mesma canção pode receber.

30

Outros títulos que se podem ganhar com uma música são os de *streaming* e vendas on--line. Caso a música consiga ficar em primeiro lugar em todos os sites dedicados a isto em um único dia, chamamos de ALL–KILL. Um feito ainda mais raro é conseguir isso durante uma semana inteira, que é o *Perfect All-Kill*. O grupo TWICE, por exemplo, conquistou esse título com o single "TT" em menos de três dias após o lançamento (o que é incrível, considerando que, nesta época, o grupo tinha pouco mais de um ano de atividade).

Diferente do costume do Ocidente, onde uma banda ou artista lança um álbum e pode selecionar futuros SINGLES ao longo da divulga-

ção, na Coreia do Sul dificilmente os grupos retornam com *singles* de um álbum já lançado. E, mesmo quando isto acontece, acaba sendo de uma forma diferente: em *repackage*. O REPACKAGE consiste no relançamento do álbum anterior, porém com o adicional de uma ou duas faixas.

Um exemplo que demonstra como o K-Pop é um estilo artístico conectado é a forma como os álbuns são feitos. Na década de 90, quando o K-Pop começou a tomar forma, os álbuns não eram tão diferentes dos que nós costumamos ver aqui no Ocidente. Com o tempo e a vontade de trazer um diferencial para se destacarem no mercado, o CD acabou se tornando apenas uma peça dentro de toda a montagem do álbum que é desenhado para ser um item colecionável. Geralmente acompanha o disco compacto: brindes, encartes, PHOTOBOOKS (um livreto com várias fotos dos membros do grupo), PHOTOCARDS, pôsteres e muito mais. O objetivo é que o fã possa ter em mãos o conceito dos seus artistas favoritos. Por isso, não é incomum que sejam lançadas versões diferentes do mesmo álbum, edições especiais e limitadas (que algumas vezes só servem para deixar os fãs

desesperados e irem correndo comprar, pois de "limitadas" não tem nada). Como toda a essência do K-Pop, esta estratégia comercial é muito bem elaborada, se pararmos para pensar. Afinal, vivenciamos a era do STREAMING, e o número de pessoas que compram CDs físicos diminuiu consideravelmente.

No caso dos *repackages*, o álbum é relançado como uma "versão atualizada", tendo um nome diferente, uma nova capa e a adição de uma ou mais músicas. Tudo isso, algumas vezes, trabalhando um conceito diferente do que foi apresentado no álbum original, o que rende novos brindes e todo o resto que acompanha um álbum de K-Pop. E o que os fãs fazem? Vão lá e compram outra vez. FÃ É FÃ, NÉ?

Mas tudo isso é válido, porque os fãs são algo crucial para o K-Pop se manter. Tanto que cada grupo divulga um nome oficial para o seu *fandom*, com até mesmo suas próprias cores e *lightsitcks*. Não sabe o que é um *lightstick*? A gente explica! Sabe aquelas lanterninhas que iluminam a plateia de um show e mais parecem um sabre de luz dos jedi ou o instrumento dos operadores de voo em aeroportos? No K-Pop, cada grupo tem a sua própria lanterna! Os LIGHTSTICKS possuem formato, símbolos e cores que remetem ao grupo.

Outra maneira de manter os ídolos mais próximos dos fãs é por meio de shows diferenciados. Por exemplo, existem os shows comuns, em que o grupo se apresenta para uma grande plateia com músicas de diversos álbuns do grupo. Mas existem outros mais específicos, como o *showcase*, em que só divulgam os trabalhos mais recentes, tocando apenas músicas do último álbum lançado. Temos também o *fanmeeting*, que é uma apresentação pequena, com poucas músicas, mas com muita interação com o público. Nesse tipo de apresentação pode rolar *cover* (ou seja, tocar músicas de outros artistas), chamar fã para o palco, fazer brincadeiras e responder perguntas. Por último, existe o *fansign*, que é uma sessão de autógrafos. Os *idols* são colocados em uma mesa, de frente para o público e, em fila, os fãs passam pela mesa, conversando, entregando presentes e pegando autógrafos. E alguns sortudos ainda podem conseguir uma *selfie* ou até mesmo um abraço!

Antes de a gente passar para o próximo tópico, tem uma última coisa que vemos com muita frequência dentro do K-Pop: as *units* e *debuts* solos. Está se tornando cada vez mais comum as empresas pegarem um grupo e "fatiá-lo", de forma que se consiga obter mais lucro e alcançar uma divulgação maior para o grupo. Vamos explicar usando um exemplo: Girls' Generation. O grupo é composto, em 2017, de oito garotas. Além de elas se promoverem como um grupo, a SM, empresa responsável, também promove um subgrupo, que é o que chamamos de *unit*. Taeyeon, Tiffany e Seohyun formam o TTS, uma *unit* do grupo Girls' Generation. Além disso, também pode acontecer de a empresa escolher um componente do grupo e lançar como carreira solo, é o caso da Taeyeon, Tiffany, Seohyun, Yoona e Hyoyeon. Deu para entender?

SAUDADES, JESSICA!

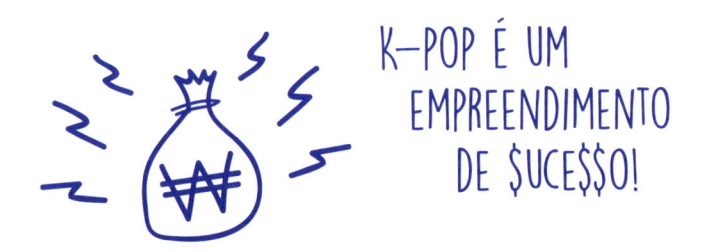

K-POP É UM EMPREENDIMENTO DE $UCE$$O!

AS GERAÇÕES DO K-POP

DESDE O SEU surgimento até o momento atual, o K-Pop, assim como outros gêneros musicais, sofreu diversas mudanças com o decorrer do tempo. Isto acaba levando muitas pessoas a dividir o K-Pop por gerações. Considera-se, de maneira geral, que já se passaram quatro gerações (e, agora, vivenciamos a quinta). No entanto, existe muita divergência de informação em relação aos fãs sobre qual período abrangeu cada geração. Esta classificação soa um pouco confusa, nós sabemos. De vez em quando a gente ainda se pega tentando entender tudo direitinho, mas é a magia do K-Pop, né?

1 A PRIMEIRA GERAÇÃO (1996–2000)

É aqui que se encontram os grupos pioneiros do K-Pop. Estes artistas possuíam um misto de inspiração japonesa e norte-americana, mas com a principal essência sendo a coreana. Foi a época em que começaram a surgir as principais empresas que tentavam revolucionar o cenário musical. Enquanto os *boygroups* apostavam em usar o seu charme através de roupas escuras e penteados elaborados, os *girlgroups* ficavam

HOJE CHAMADAS DE BIG THREE

com um conceito mais natural e fofo. Naquele tempo, o MV não era tão importante, então tinha pouco investimento. Além disso, poucos grupos eram lançados naquela época.

O nome é um acrônimo para *Groove Over Dose* e a música de *debut*, "To Mother", fez tanto sucesso que foi eternizada pelos coreanos como a mais bonita dos anos 90. Também foram um dos poucos grupos de K-Pop a ter um álbum com mais de 1 milhão de cópias vendidas. Seus álbuns são intitulados de "Chapter" (Capítulo) e o tempo de lançamento entre o sétimo e o oitavo disco foi de quase dez anos, com o ressurgimento nos dias atuais, em celebração ao 15° aniversário do grupo.

Período em Atividade: 1999 – atualmente.
Gravadora: SidusHQ.
Debut Solo: Kim Tae-woo, Son Ho-young, Danny Ahn.
Fandom: Fan God.
Integrantes:
Park Joon-hyung • Líder, Rapper e Dançarino.

Danny Ahn • Rapper Principal e Dançarino.
Son Ho-young • Vocalista e Dançarino.
Kim Tae-woo • Vocalista Principal, Dançarino e
Maknae.
Ex-Integrante:
Yoon Kye-sang • Vocalista e Dançarino.
Música para ouvir e amar: *Saturday Night.*

Foi um grupo *mainstream* formado por jovens para jovens, colocados como os precursores dos "grupos ídolos" na indústria musical coreana. Mesmo com a crise financeira atingindo a Coreia do Sul na época, foi o primeiro grupo de K-Pop a ter um álbum que vendeu mais de 1 milhão de cópias. Seu sucesso foi responsável pelo crescimento do K-Pop no cenário musical coreano dos anos 90 e serviu de influência para diversos *boygroups* lançados depois. Após o fim do contrato do grupo, a SM renovou com apenas dois integrantes (Moon He-joon e Kangta) como carreira solo, enquanto os outros três formaram um novo grupo , o jtL (Jang Woo-hyuk, Tony An e Lee Jae Won).

Período em Atividade: 1996 – 2001.
Gravadora: SM Entertainment.
Fandom: Club H.O.T. (ou White Angels).
Integrantes:
Moon Hee-joon • Líder e Vocalista Principal.
Jang Woo-hyuk • Rapper Principal.
Tony An • Vocalista-Guia e Rapper-Guia.
Kangta • Vocalista Principal e Rapper-Guia.
Lee Jae-won • Rapper Principal, Vocalista de Apoio e Maknae.
Música para ouvir e amar: *We Are The Future*.

S.E.S. é uma sigla para Sea, Eugene e Shoo, sendo que o *"sea"* ("oceano", em inglês) é a representação da integrante Bada, cujo nome é "oceano", em coreano. Na época do lançamento, as artistas eram vistas como a versão feminina do H.O.T., e foram o primeiro *girlgroup* de K-Pop a conquistar um enorme sucesso, sendo um dos principais ícones da primeira geração. Recentemente, em 2016, o grupo fez um *comeback* especial.

Período em Atividade: 1997 – 2002 /
2016 – atualmente.
Gravadora: SM Entertainment.
Debut Solo: Bada, Eugene e Shoo.
Fandom: Friend.
Integrantes:
Bada • Líder, Dançarina Principal e Vocalista
Principal.
Eugene • Vocalista-Guia, Visual e Face.
Shoo • Vocalista de Apoio, Rapper Principal e
Maknae.
Música para ouvir e amar: *Paradise.*

Park Jae-Sang, popularmente conhecido
como PSY, é um rapper que segue carreira
solo. Por mais que tenha estreado em 1999
e seja bem conhecido na Coreia do Sul, foi
só em 2012 com o *hit* "GANGNAM STYLE"
que o artista se tornou um fenômeno mundial. Inclusive, a música quebrou diversos recordes na época, como o de vídeo de K-Pop
mais assistido no YouTube em um curto espaço de tempo (foram 80 milhões de visualizações em 45 dias!), além de ser o primeiro
vídeo a ultrapassar 1 bilhão de visualizações.

Com isso, não podemos negar que PSY foi um dos responsáveis por propagar o K-Pop pelo mundo todo. E mesmo para quem não curte o estilo do cantor, é difícil não se entregar aos MVs divertidos que ele faz.

Período em Atividade: 1999 – atualmente.
Gravadora: YG Entertainment.
Fandom: PSYcho.
Música para ouvir e amar: *Gangnam Style*.

Era, inicialmente, um *duo* formado por Kim Jonh-kook e Kim Jung-nam, tendo este último abandonado a dupla e sendo substituído por Mikey. Tornaram-se uma das maiores estrelas do cenário musical da época, vendendo milhões de álbuns por toda a Ásia. O *duo* anunciou *disband* em 2000, mas retornou em 2015 como um trio.

Período em Atividade: 1995 – 2000 /
2015 – atualmente.
Gravadora: GM Agency (1995 – 2000) / The Turbo Company (2015 – atualmente).
Debut Solo: Kim Jong-kook.

Fandom: Não divulgado.
Integrantes:
Kim Jung-nam
Kim Jong-kook
Mikey
Música para ouvir e amar: *Again.*

 O grupo criado pela SM Entertainment é um dos ícones do K-Pop devido a seu tempo de existência e sucesso. Em 2011, criaram sua própria empresa e, depois de uma longa batalha judicial, em 2015, o grupo conseguiu os direitos do nome, renomeando sua empresa para Shinhwa Company.

Período em Atividade: 1998 – atualmente.
Gravadora: SM Entertainment (1998 – 2003) / Good Entertainment (2004 – 2008) / Shinhwa Company (2011 – atualmente).
Debut Solo: Kim Dong-wan, Lee Min-woo, Andy Lee, Shin Hye-sung e Jun Jin.
Fandom: Shinhwa Changjo.
Integrantes:
Eric Mun • Líder e Rapper Principal.
Lee Min-woo • Vocalista-Guia e Dançarino Principal.

Kim Dong-wan • Vocalista de Apoio.
Shin Hye-sung • Vocalista Principal.
Jun Jin • Rapper-Guia, Vocalista de Apoio e
Dançarino-Guia.
Andy Lee • Rapper-Guia e Maknae.
Música para ouvir e amar: *Touch*.

A SEGUNDA GERAÇÃO (2001–2008)

Neste período, encontramos os maiores líderes do K-Pop, que foram os responsáveis por conquistar a atenção do restante do mundo. Assim, iniciou-se a "onda hallyu", termo usado para se referir ao fenômeno da popularização da cultura pop coreana. O número de grupos que começou a debutar nesta época foi maior que na geração anterior, e a partir daí o estilo musical passou a se tornar um negócio realmente rentável por toda a Ásia.

Kwon Bo-ah, conhecida popularmente apenas por BoA, foi a primeira artista solo coreana a ser conhecida internacionalmente, sendo sucesso em toda Ásia. Começou aos 13 anos de idade e, aos 16, seu álbum estreou em primeiro nas paradas, se mantendo assim por quatro meses e se tornando o álbum mais vendido por uma cantora solista na Coreia do Sul.

Período em Atividade: 2000 – atualmente.
Gravadora: SM Entertainment.
Fandom: Jumping BoA.
Música para ouvir e amar: *Kiss My Lips*.

TVXQ, acrônimo de Tong Vfang Xien Qi, conhecido também na Coreia do Sul como Dong Bang Shin Ki (ou DBSK), estreou em 2003 como um quinteto que ficou conhecido como *Kings of Asia* (Reis da Ásia), por causa de sua popularidade, influência e impacto na música coreana e no restante do continente. Em 2009, três dos cinco membros entraram com uma liminar contra a agência responsável pelos artistas, fazendo o grupo experimentar um *hiatus* de pouco mais de dois anos.Os três integrantes acabaram saindo do grupo, foram para uma nova gravadora e, hoje, formam o JYJ (JaeJoon, Yoochun e Junsu), seguindo as promoções agora no Japão.

Período em Atividade: 2003 – presente.
Gravadora: SM Entertainment.
Fandom: Cassiopeia.
Integrantes:
U-Know Yunho • Líder, Dançarino Principal, Rapper Principal e Vocalista-Guia.
Max Changmin • Vocalista Principal e Maknae.
Ex-Integrantes:
Hero Jaejoong • Vocalista-Guia, Visual e Face.
Micky Yoochun • Rapper Principal e Vocalista de Apoio.
Xiah Junsu • Vocalista Principal e Dançarino-Guia.
Música para ouvir e amar: *Mirotic*.

SUPER JUNIOR

Também chamado de SUJU, o *boygroup* ficou conhecido como os "Reis da Onda Hallyu" por serem um dos ícones a levar o K-Pop ao restante do mundo. O grupo também possui o título de artista de K-Pop que mais vendeu álbuns em um período de três anos consecutivos e ganharam diversos prêmios ao redor do mundo. De início o grupo tinha 12 membros e iria usar um sistema de formação rotativa, ou seja, fazendo alteração nos integrantes, substituindo as gerações anteriores a cada ano. Esse formato, inédito no K-Pop, foi baseado no modelo de formação do *girlgroup* japonês *Morning Musume*. Porém, após o fim da primeira geração (Super Junior 05, devido ao ano 2005), a empresa adicionou um novo membro para a divulgação da segunda geração (Super Junior 06) e, no fim das contas, optaram por deixar esse projeto de rodízio de lado e ficar com treze membros como a formação oficial (agora apenas Super Junior).

Período em Atividade: 2005 – atualmente.
Gravadora: SM Entertainment.
Debut Solo: Henry, Zhou Mi, KyuHyun, Ryeowook e Yesung.
Units: Super Junior-K.R.Y. (Yesung, Ryeowook e Kyuhyun), Super Junior-T (Leeteuk, Heechul, Kangin, Shindong, Sungmin e Eunhyuk), Super Junior-M (Sungmin, Eunhyuk, Siwon, Zhou Mi, Donghae, Ryeowook, Kyuhyun e Henry), Super Junior-Happy (Leeteuk, Yesung, Kangin, Shindong,

Sungmin e Eunhyuk) e Super Junior-D&E (Donghae e Eunhyuk).

Fandom: Everlasting friends (E.L.F.)

Integrantes:

Leeteuk • Líder, Vocalista-Guia e Rapper de Apoio.

Heechul • Vocalista de Apoio, Rapper de Apoio e Face.

Yesung • Vocalista Principal.

Kangin • Vocalista-Guia.

Shindong • Rapper-Guia, Dançarino-Guia e Vocalista de Apoio.

Sungmin • Vocalista-Guia e Dançarino-Guia.

Eunhyuk • Dançarino Principal, Rapper Principal e Vocalista de Apoio.

Donghae • Vocalista-Guia, Rapper-Guia e Dançarino-Guia.

Siwon • Vocalista-Guia e Visual.

Ryeowook • Vocalista Principal.

Kyuhyun • Vocalista Principal, Dançarino de Apoio e Maknae.

Zhou Mi (exclusivo do Super Junior-M) • Vocalista Principal e Rapper-Guia.

Henry (exclusivo do Super Junior-M) • Rapper--Guia, Dançarino-Guia, Vocalista-Guia e Maknae.

Ex-Integrantes:

Han Geng • Dançarino-Guia e Vocalista de Apoio.

Kibum • Rapper-Guia e Vocalista de Apoio.

Música para ouvir e amar: *Sorry, Sorry*.

BiGBANG

O grupo, que tem fortes raízes no hip-hop, obteve de início um sucesso moderado. Foi só em 2007, com o *comeback* "Lies", que o grupo conseguiu se manter em primeiro lugar nas principais paradas musicais coreanas por sete semanas consecutivas! Além desse recorde, também venceram a categoria "Música do Ano" do Mnet Korean Music Festival no mesmo ano. Além dos diversos prêmios conquistados ao redor do mundo, o grupo é completamente envolvido na produção e composição de suas músicas, sendo chamados de "Reis do K-Pop" e "Boygroup da Nação".

Período em Atividade: 2006 – atualmente.
Gravadora: YG Entertainment.
Units: GD&TOP (G-Dragon e T.O.P) e GD X Taeyang (G-Dragon e Taeyang).
Debut Solo: G-Dragon, T.O.P, Taeyang, Daesung e Seungri.
Fandom: V.I.P.
Integrantes:
G-Dragon • Líder, Rapper Principal, Dançarino-Guia e Face.
T.O.P • Rapper Principal e Visual.

Taeyang • Vocalista Principal, Dançarino Principal e Rapper-Guia.
Daesung • Vocalista-Guia.
Seungri • Vocalista-Guia, Dançarino-Guia e Maknae.
Músicas para ouvir e amar: *Bang Bang Bang* e *Haru Haru*.

BROWN EYED GiRLS

Grupo feminino que estreou com estilo de R&B/balada em 2006, porém as artistas se desafiaram com diferentes estilos musicais ao longo dos anos. A primeira a entrar para o grupo foi JeA, que se tornou a líder e ajudou a selecionar as outras integrantes. O grupo se mantém ativo até hoje, sendo um dos *girlgroups* mais antigos ainda em atividade do K-Pop.

Período em Atividade: 2006 – atualmente.
Gravadora: APOP Entertainment.
Debut Solo: Narsha, JeA, Gain, e Miryo.
Fandom: Everlasting.
Integrantes:
JeA • Líder, Vocalista Principal e Rapper-Guia.
Miryo • Rapper Principal.
Narsha • Vocalista-Guia e Dançarina-Guia.
Gain • Dançarina Principal, Vocalista-Guia, Face,

Visual e Maknae.
Música para ouvir e amar: *Abracadabra.*

Um dos mais famosos *girlgroups* do K-Pop, o grupo sofreu algumas modificações no decorrer da sua carreira. Depois do debut oficial em 2007, as meninas tiveram algumas complicações e HyunA foi removida do grupo pela preocupação de seus pais com a sua saúde (ela entraria mais tarde para o grupo 4Minute). Mesmo assim, o grupo seguiu firme durante 10 anos, fazendo muito sucesso no mundo inteiro. Uma das últimas reformulações do grupo foi em 2015, transformando-se em uma banda de quatro garotas.

Período em Atividade: 2007 – 2017.
Gravadora: JYP Entertainment.
Debut Solo: Sunmi, Hyerim e Yenny (HA:TFELT).
Fandom: Wonderful.
Integrantes (última formação):
Yenny • Líder, Teclado e Vocalista Principal.
Sunmi • Baixo Elétrico, Dançarina Principal, Vocalista-Guia e Visual.
Yubin • Bateria, Rapper Principal, Dançarina-Guia,

Vocalista de Apoio e Face.
Hyerim • Guitarra, Rapper-Guia, Vocalista-Guia e Maknae.
Ex-Integrantes:
HyunA • Rapper Principal e Dançarina-Guia.
Sohee • Dançarina Principal, Vocalista-Guia, Rapper-Guia e Face.
SunYe • Líder e Vocalista Principal.
Músicas para ouvir e amar: *Why So Lonely* e *Irony*.

SHINee foi apresentado pela S.M. Entertainment como um grupo de R&B contemporâneo. Eles tinham o objetivo de ser tendência em todas as áreas da música, moda e dança. Os garotos são considerados como um dos melhores cantores ao vivo no K-Pop e são conhecidos por suas altas habilidades de dança. Já ganharam vários prêmios e se arriscaram em muitos outros estilos musicais (como funk, rock, hip hop e EDM), o que lhes rendeu o título de "Príncipes de K-Pop".

Período em Atividade: 2008 – atualmente.
Gravadora: S.M. Entertainment.
Debut Solo: Jonghyun e Taemin.

Fandom: Shawol.
Integrantes:
Onew • Líder e Vocalista-Guia.
Jonghyun • Vocalista Principal.
Key • Rapper-Guia, Dançarino-Guia e Vocalista de Apoio.
Minho • Rapper Principal, Vocalista de Apoio, Visual e Face.
Taemin • Dançarino Principal, Vocalista-Guia e Maknae.
Músicas para ouvir e amar: *Lucifer* e *1 of 1*.

Elas ganharam atenção logo no início da carreira, tendo seu sucesso amplificado com o estouro do *single* "Gee", que ficou em primeiro lugar no Music Bank por nove semanas seguidas, além de ter sido considerada a música da década pelo site Melon. Além de "Gee", o grupo já emplacou diversos *hits* em sua carreira e são responsáveis por coreografias icônicas do K-Pop. Toda essa popularidade rendeu o título de "*Girlgroup* da Nação" e, até mesmo, de "Divine 9", servindo como exemplo para todos os outros grupos femininos que surgiram após o sucesso delas. A saída de Jessica, em 2014, foi algo que comoveu os fãs (que não superaram até hoje). O grupo, focado em promover a carreira solo de suas integrantes (AMÉM, TAEYEON, RAINHA DOS VOCAIS!), completa 10 anos do *debut* em 2017.

Período em Atividade: 2007 – atualmente.
Gravadora: SM Entertainment.
Debut Solo: Taeyeon, Tiffany, Seohyun e Hyoyeon.
Units: Girls' Generation-TTS (Taeyeon, Tiffany e Seohyun).
Fandom: Sone.
Integrantes:
Taeyeon • Líder e Vocalista Principal.
Sunny • Vocalista-Guia.
Tiffany • Vocalista-Guia, Rapper-Guia.
Hyoyeon • Vocalista de Apoio, Rapper Principal e Dançarina Principal.
Yuri • Vocalista de Apoio, Rapper-Guia e Dançarina Principal.
Sooyoung • Vocalista de Apoio, Rapper de Apoio e Dançarina-Guia.
Yoona • Vocalista de Apoio, Rapper-Guia, Visual, Dançarina-Guia, Face e Visual.
Seohyun • Vocalista-Guia e Maknae.

Ex-Integrante:
Jessica • Vocalista Principal.
Músicas para ouvir e amar: *Gee* e *I got a boy*.

Kara, que vem da palavra grega "chara" (alegria), não teve uma estreia muito receptiva pelo público. Após algumas mudanças na formação, o grupo começou a alavancar e fazer sucesso na Coreia. Em 2010, o grupo fez sua estreia no Japão de maneira fenomenal, com a música mais baixada de todos os tempos de um artista coreano no país. Dessa forma, o Kara trabalhou ativamente no K-Pop e j-pop, recebendo diversos prêmios tanto na Coreia do Sul quanto no Japão.

Período em Atividade: 2007 – 2016.
Gravadora: DSP Media.
Debut Solo: Seungyeon e Hara.
Fandom: Kamilia.
Integrantes (última formação):
Gyuri • Líder, Vocalista-Guia, Rapper de Apoio e Visual.
Seungyeon • Vocalista Principal.

Hara • Dançarina Principal, Rapper-Guia, Vocalista de Apoio e Face.
Youngji • Rapper Principal, Dançarina-Guia, Vocalista-Guia e Maknae.
Ex-Integrantes:
Sunghee • Vocalista-Guia.
Nicole • Dançarina Principal, Rapper Principal e Vocalista-Guia.
Jiyoung • Vocalista-Guia e Maknae.
Música para ouvir e amar: *MR*.

A TERCEIRA GERAÇÃO (2009–2011)

É a famosa "Era de Ouro", dando continuidade à geração anterior, com alguns grupos seguindo influências norte-americanas ou japonesas. Foi aqui que a "onda hallyu" alcançou com força o Brasil e outros países do Ocidente, principalmente devido à popularidade do YouTube. O número de *debuts* aumentou e o tempo que as gerações seguintes abrangem diminuiu.

2NE1

Antes do *debut*, elas foram apresentadas à imprensa como uma versão feminina do aclamado BIGBANG, e inicialmente anunciadas apenas como "21" (seria pronunciado *To Anyone*). Após a descoberta de outro grupo com o mesmo nome, rapidamente o girlgroup foi renomeado para 2NE1, significando "Nova Evolução do Século 21". Essa denominação fez jus ao talento das artistas que trouxeram coreografias, cenários e figurinos inovadores. O sucesso atingiu o mundo todo, tanto que até o cantor will.i.am se declarou fã do grupo. A líder CL tem uma carreira solo bem consolidada, inclusive fazendo tour pela América do Norte. O anúncio do *disband* comoveu toda a comunidade kpopper, causando lágrimas com seu *single* de despedida "Good Bye". Não é à toa que elas são donas de diversos prêmios, né? NEGATCHÊ TCHALAGÁ!

Período em Atividade: 2009 – 2017.
Gravadora: YG Entertainment.
Debut Solo: Dara, Bom e CL.

Fandom: Blackjack.
Integrantes (última formação):
CL • Líder, Rapper Principal, Dançarina-Guia e Vocalista de Apoio e Face.
Bom • Vocalista Principal.
Dara • Dançarina-Guia, Rapper-Guia, Vocalista-Guia e Visual.
Ex-Integrantes:
Minzy • Dançarina Principal, Rapper-Guia, Vocalista-Guia e Maknae.
Músicas para ouvir e amar: *I am the best* e *Come back home*.

4MINUTE

Um dos *girlgroups* mais populares do K-Pop, 4Minute alcançou o topo das paradas musicais logo com seu *single* de *debut*, "Hot Issue". A participação do já popular HyunA (ex-Wonder Girls) ajudou a consolidar o sucesso do grupo. A artista também lançou a sua carreira solo e chegou a ser convidada pelo próprio PSY para participar do MV do viral "Gangnam Style", regravando também uma versão feminina da música. Apesar de toda essa promoção em cima da HyunA, o grupo sempre conseguiu dividir muito bem a atenção entre todas as integrantes, realçando o talento de cada uma (só tem mulher talentosa e vários HINÕES!). Em 2016, o mundo parou (um pouco dramático, mas com um fundo de verdade) com o anúncio do *disband*, algo que muita gente não esperava. AMÉM, 4MINUTE!

Período em Atividade: 2009 – 2016.
Gravadora: Cube Entertainment.
Debut Solo: HyunA.
Fandom: 4NIA.
Integrantes:
Jihyun • Líder, Dançarina-Guia, Vocalista de Apoio e Visual.
Gayoon • Vocalista Principal.
Jiyoon • Rapper Principal e Vocalista-Guia.
HyunA • Dançarina Principal, Rapper Principal, Vocalista de Apoio e Face.
Sohyun • Dançarina-Guia, Rapper-Guia, Vocalista-Guia e *Maknae*.
Músicas para ouvir e amar: *Crazy* e *Hate*.

Conhecidas pelo seu estilo único, f(x) foi apresentado como um "Grupo Pop de Dança da Ásia". O *girlgroup* seguia uma linha de garotas duronas com batidas fortes e eletrônicas, uma imagem diferente do que a SM produzia com a Girls' Generation. Uma das integrantes, Amber, é conhecida pelo seu estilo andrógino e critica a discriminação que sofre por conta disso. Ela responde os comentários sobre a sua "falta de feminilidade" ao se vestir dizendo que uma menina pode ser quem ela quiser (E TÁ CERTÍSSIMA, NÉ? PISA MENOS, AMBER!). Outra integrante, Krystal, membro mais nova do f(x), é irmã caçula de Jessica, ex-integrante do Girls' Generation. E antes que a gente se esqueça:

BUY FREE SOMEBODY ON ITUNES!

Período em Atividade: 2009 – atualmente.
Gravadora: SM Entertainment.
Debut Solo: Amber e Luna.
Fandom: MeU.
Integrantes:
Victoria • Líder, Vocalista de Apoio, Dançarina Principal e Visual.
Amber • Vocalista de Apoio, e Rapper Principal.
Luna • Vocalista Principal e Dançarina-Guia.
Krystal • Vocalista-Guia, Rapper-Guia, Dançarina--Guia, Face e Maknae.

INFINITE

O grupo, que chamou atenção desde o início pelas suas danças sincronizadas, é colecionador de diversos prêmios. Inclusive, a Billboard coreana selecionou "The Chaser" como a melhor música de K-Pop do ano de 2012. O grupo também foi o primeiro do K-Pop a fazer um stream ao vivo do seu show.

Período em Atividade: 2010 – atualmente.
Gravadora: Woollim Entertainment.
Debut Solo: Sungkyu e Woohyun.
Units: Infinite H (Dongwoo e Hoya) e Infinite F (Sungyeol, L e Sungjong).
Fandom: Inspirit.
Integrantes:
Sungkyu • Líder e Vocalista Principal.
Dongwoo • Rapper Principal, Dançarino-Guia e Vocalista-Guia.
Woohyun • Vocalista Principal e Dançarino-Guia.

Hoya • Dançarino Principal, Rapper-Guia e Vocalista-Guia.
Sungyeol • Vocalista de Apoio.
L • Vocalista-Guia, Face e Visual.
Sungjong • Vocalista-Guia e Maknae.
Músicas para ouvir e amar: *Bad* e *The Chaser*.

O grupo foi considerado um sucesso desde o seu *debut*, já que, logo com o primeiro álbum, as garotas emplacaram diversos *hits* nas paradas musicais, como "T.T.L (Time to Love)" e "Bo Peep Bo Peep". O que acabou resultando em um dos contratos mais lucrativos para uma estreia de um grupo coreano no Japão. Uma curiosidade muito legal sobre elas é que usam um sistema rotativo de líder, onde a cada ano elegem uma nova líder com o intuito de que o grupo seja reconhecido por todas e não apenas só por uma integrante.

Período em Atividade: 2009 – 2017.
Gravadora: MBK Entertainment.
Debut Solo: Boram, Qri, Eunjung, Hyomin e Jiyeon.

Units: T-ara N4 (Jiyeon, Eunjung, Hyomin e Areum/Dani) e QBS (Qri, Boram e Soyeon).
Fandom: Diadem.
Integrantes:
Qri • Líder, Dançarina-Guia e Vocalista de Apoio.
Boram • Rapper de Apoio e Vocalista-Guia.
Soyeon • Vocalista Principal.
Eunjung • Vocalista-Guia, Rapper-Guia e Dançarina-Guia.
Hyomin • Rapper Principal, Vocalista-Guia e Dançarina-Guia.
Jiyeon • Dançarina Principal, Vocalista-Guia, Face, Visual e Maknae.

Ex-Integrantes:
Hwayoung • Rapper Principal e Vocalista de Apoio.
Areum • Vocalista Principal, Rapper Principal, Dançarina-Guia e Maknae.
Dani (T-ara N4) • Rapper-Guia, Dançarina-Guia e Maknae.
Hana • Vocalista-Guia.
Jiwon • Vocalista-Guia.
Música para ouvir e amar: *Sugar Free.*

BLOCK B

O grupo foi criado em um projeto chamado "Criando um Eminem Coreano", em que a empresa pretendia lançar um grupo de sete garotos com fortes influências do hip-hop.

Apesar do primeiro MV deles ter sido censurado para menores de 19 anos por ser considerado "sexy demais para a televisão coreana", conquistaram muitos fãs. E mesmo com as raízes no K-Pop, o grupo sempre foi capaz de trabalhar com diversos gêneros musicais (RESUMINDO, SÓ TEM HINO).

Período em Atividade: 2011 • atualmente.
Gravadora: Seven Seasons.
Debut Solo: Zico, Taeil e Park Kyung.
Units: BASTARZ (P.O, U-Kwon e B-Bomb).
Fandom: BBC.
Integrantes:
Zico • Líder, Rapper Principal, e Face.
Taeil • Vocalista Principal.
B-Bomb • Dançarino Principal e Vocalista-Guia.
Jaehyo • Vocalista-Guia e Visual.
U-Kwon • Dançarino-Guia e Vocalista-Guia.
Park Kyung • Rapper-Guia e Vocalista de Apoio.
P.O • Rapper-Guia e Maknae.
Músicas para ouvir e amar: *HER* e *Toy*.

SiSTAR

Conhecidas como *"The Queens of Summer"* (Rainhas do Verão) ou *"four sexy ladies of K-Pop"* (quatro damas sexy do K-Pop), o grupo começou a alavancar sua popularidade após o *comeback* de "So Cool", em 2011. Suas canções de verão, alegres e cativantes, são sempre bem-sucedidas nas paradas musicais sul-coreanas.

Período em Atividade: 2010 – atualmente.
Gravadora: Starship Entertainment.
Debut Solo: Hyolyn.
Units: Sistar19 (Hyolyn e Bora).
Fandom: Star1.
Integrantes:
Hyolyn • Líder, Vocalista Principal, Rapper-Guia e Dançarina-Guia.
Bora • Dançarina Principal, Rapper Principal, Vocalista de Apoio e Face.
Soyou • Vocalista-Guia, e Dançarina-Guia.
Dasom • Vocalista-Guia, Visual e Maknae.
Músicas para ouvir e amar: *Touch My Body* e *I Like That.*

Também conhecidos como Code Name BLUE, eles são uma banda de rock sul-coreana. O "BLUE" no nome do grupo é uma sigla formada com a imagem que cada um dos membros do grupo passa: "Burning" (ardente) para o Jong Hyun, "Lovely" (amável) para o Min Hyuk, "Untouchable" (intocável) para o Jung Shin e "Emotional" (emocional) para Yong Hwa. O grupo, que debutou primeiro no Japão, teve que lidar com algumas mudanças entre seus integrantes e até mesmo comparações com o grupo FTISLAND (alguns haters inclusive diziam que eles eram uma cópia). Em 2012, a banda debutou oficialmente na Coreia do Sul e conseguiu provar a sua capacidade, consolidando seu nome no mercado coreano.

Período em Atividade: 2009 – atualmente.
Gravadora: FNC Entertainment.
Debut Solo: Jung Yong Hwa e Lee Jong Hyun.
Fandom: Boice.
Integrantes:
Jung Yong Hwa • Líder, Vocalista Principal, Rapper-Guia, Guitarrista e Visual.
Lee Jong Hyun • Vocalista-Guia, Guitarrista e Face.
Kang Min Hyuk • Baterista.
Lee Jung Shin • Rapper Principal, Baixista e Maknae.
Ex-Integrantes:
Kwon Kwang Jin • Vocalista-Guia e Baixista.
Música para ouvir e amar: *I'm Sorry*.

APiNK

O estilo delas é comparado aos *girlgroups* da primeira geração, como o S.E.S., pois as artistas são conhecidas pela sua imagem pura. Enquanto, hoje em dia, muitos grupos femininos apostam em algo mais sexy e maduro, o APink possui um estilo leve que se encaixa como "pop chiclete" e trata-se de um dos principais grupos dentro do conceito inocente.

Período em Atividade: 2011 – atualmente.
Gravadora: Plan A Entertainment.
Units: PINK BnN (Bomi e Namjoo).
Debut Solo: Eunji.
Fandom: Pink Panda.
Integrantes:
Chorong • Líder, Rapper Principal e Vocalista-Guia.
Bomi • Vocalista-Guia e Dançarina Principal.
Eunji • Vocalista Principal e Face.
Naeun • Dançarina-Guia, Vocalista-Guia e Visual.
Namjoo • Rapper-Guia e Vocalista-Guia.
Hayoung • Vocalista de Apoio, Dançarina-Guia e Maknae.
Ex-Integrante:
Yoo-kyung • Rapper-Guia e Vocalista de Apoio.
Música para ouvir e amar: *Mr. Chu*.

 MISS A

A JYP Entertainment estava treinando cinco garotas, até então conhecidas apenas como JYP Sisters, para o lançamento de um novo *girlgroup*. No entanto, três das integrantes acabaram saindo, sendo uma delas a Hyerim que entrou para o Wonder Girls. Com a adição de Suzy às outras duas garotas restantes, elas debutaram na China com o *single* "Love Again". Quando Min se juntou ao grupo, só aí elas debutaram na Coreia do Sul com um dos maiores *hits* de sua carreira "Bad Girl, Good Girl", até hoje aclamada entre os críticos e fãs.

Período em Atividade: 2010 – atualmente (inativo).
Gravadora: JYP Entertainment.
Debut Solo: Fei, Min e Suzy.
Fandom: Say A.
Integrantes:
Fei • Vocalista-Guia e Dançarina-Guia.
Min • Dançarina Principal, Vocalista-Guia e Rapper-Guia.
Suzy • Vocalista Principal, Rapper-Guia, Face, Visual e Maknae.
Ex-Integrante:
Jia • Rapper Principal, Dançarina-Guia e

Vocalista-Guia.
Música para ouvir e amar: *Bad Girl, Good Girl.*

O nome do *boygroup* representa o tipo sanguíneo dos integrantes, mas também pode significar "Be the One, All For One". Eles preservam uma aparência fofa, que foi amadurecendo ao lado dos membros com o passar do tempo. O líder, Jinyoung, é um compositor talentoso e já criou canções famosas para *girlgroups* como OH MY GIRL e I.O.I.

Período em Atividade: 2011 – atualmente.
Gravadora: WM Entertainment.
Fandom: BANA.
Integrantes:
Jinyoung • Líder, Vocalista-Guia, e Face e Compositor.
CNU • Dançarino Principal, Vocalista-Guia, Rapper--Guia e Compositor.
Sandeul • Vocalista Principal.
Baro • Rapper Principal.
Gongchan • Vocalista-Guia, Visual e Maknae.
Música para ouvir e amar: *What's Happening?*

STELLAR

O grupo atraiu atenção do público por ser produzido por Eric Mun, integrante do famoso grupo SHINHWA. Porém, os três primeiros *singles* não foram tão bem-sucedidos, fazendo o grupo arriscar um conceito mais sexy, que enfim resultou em melhores posições nas paradas musicais. Por estarem em uma empresa pequena, os últimos álbuns têm sido financiados por fãs, recebendo até o dobro do valor pedido na "vaquinha online". Em 2017, as meninas estiveram em turnê pelo Brasil e comentaram que se sentiram acolhidas pelos fãs, já que na Coreia do Sul – ainda é um país conservador – muitas pessoas criticam o teor sexual que o grupo tem demonstrado (MAS QUE É MARAVILHOSO, SIM!).

Período em Atividade: 2011 – atualmente.
Gravadora: The Entertainment Pascal.
Fandom: Não divulgado.
Integrantes:
Gayoung • Líder, Dançarina-Guia, Vocalista de Apoio e Visual.
Minhee • Dançarina Principal, Vocalista-Guia e Face.

Hyoeun • Vocalista Principal e Dançarina de Apoio.
Jeonyoul • Rapper Principal, Dançarina-Guia,
Vocalista-Guia e Maknae.
Ex-Integrantes:
Leeseul • Líder, Rapper Principal e Vocalista de
Apoio.
Joa • Vocalista Principal.
Música para ouvir e amar: *Vibrato*.

A QUARTA GERAÇÃO (2012—2014)

Aqui tivemos o estouro do hit "GANG-NAM STYLE", do PSY, responsável por apresentar o K-Pop até mesmo para quem nem sabia onde a Coreia estava no mapa. Essa geração também é marcada pelo desprendimento da influência japonesa na música coreana, tendo um foco maior em todo o continente americano (principalmente nos Estados Unidos).

Quando estreou, o grupo tinha doze componentes divididos em dois grupos: seis representando o grupo chinês (EXO-M), e seis representando o coreano (EXO-K). Com a saída de três membros chineses, deixando o EXO-M desfalcado, a SM Entertainment optou por unir os nove membros restantes em um único grupo. O álbum de estreia foi um enorme sucesso comercial, e foram os primeiros artistas a vender mais de um milhão de cópias em 12 anos. Com o tempo, se tornaram cada vez mais relevantes e foram classificados pela *Forbes Korea* como as celebridades mais influentes de 2014 e 2015. Não é à toa que são um dos maiores *boygroups* da atualidade, sendo chamados de "Máquinas Quebradoras de Recordes", né, mores? CADA COMEBACK É UM TIRO!

Período em Atividade: 2012 – atualmente.
Gravadora: SM Entertainment.
Debut Solo: Lay.
Units: CBX (Chen, Baekhyun e Xiumin).
Fandom: EXO-L.
Integrantes:
Suho • Líder e Vocalista-Guia.
Xiumin • Vocalista-Guia, Dançarino-Guia e Rapper de Apoio.
Lay • Dançarino Principal e Vocalista-Guia.
Baekhyun • Vocalista Principal.
Chen • Vocalista Principal.

Chanyeol • Rapper Principal e Vocalista de Apoio.
D.O. • Vocalista Principal.
Kai • Dançarino Principal, Rapper-Guia, Vocalista de Apoio e Face.
Sehun • Dançarino-Guia, Rapper-Guia, Vocalista de Apoio, Visual e Maknae.

Ex-Integrantes:
Luhan • Vocalista-Guia, Dançarino Principal, Face e Visual (EXO-M).
Kris • Líder (EXO-M), Rapper Principal e Vocalista de Apoio.
Tao • Rapper-Guia, Dançarino-Guia, Vocalista de Apoio e Maknae (EXO-M).

Músicas para ouvir e amar: *Call me baby* e *Monster*.

Abreviação para Best Absolute Perfect, o grupo estreou em janeiro de 2012 o *reality* "Ta-dah, It's B.A.P!". O programa mostrava os seis integrantes desempenhando o papel de alienígenas que vieram de outro planeta para invadir e debutar na Terra. Com o *single* de estreia, "Warrior", lançado no final do mesmo mês, o grupo foi descrito como diferente dos *boygroups* da época por fugir do conceito fofo e passar uma imagem de *bad boy*.

Período em Atividade: 2012 – atualmente.
Gravadora: TS Entertainment.
Units: BANG&ZELO (Yongguk e Zelo).
Fandom: Baby.
Integrantes:
Yongguk – Líder e Rapper Principal e Compositor.
Himchan • Vocalista de Apoio, Rapper de Apoio e Visual.
Daehyun • Vocalista Principal e Face.
Youngjae • Vocalista-Guia.
Jongup • Dançarino Principal e Vocalista-Guia.
Zelo • Rapper-Guia, Dançarino-Guia e Maknae.
Música para ouvir e amar: *Skydive.*

Bangtan Boys, também conhecido como BTS, foi formado originalmente em 2010, entretanto não conseguiu estrear devido à quantidade de mudanças de membros que sofreu na época. Foi só em 2013 que aconteceu o *debut*, sendo o Rap Monster o único membro da formação original. Atualmente, o grupo possui um dos maiores *fandom* ao redor do mundo, resultando em diversos recordes. Tanto que o último álbum alcançou o primeiro lugar do iTunes em 26 países. Além disso, "Spring Day" é a primeira música de um grupo de K-Pop a chegar no top 10 do iTunes dos Estados Unidos. Outro recorde que o grupo quebrou (que por sinal, já era deles) é o de vídeo de K-Pop que atingiu mais rapidamente a marca de 10 milhões de visualizações no YouTube, com a música "Spring Day", em menos de 24 horas.

NÃO É À TOA QUE SÃO REIS, NÉ? ARMY NÃO DORME EM SERVIÇO!

Período em Atividade: 2013 – atualmente.
Gravadora: Big Hig Entertainment.
Fandom: Army.
Integrantes:
Rap Monster • Líder, Rapper Principal e Compositor.
Suga • Rapper-Guia e Compositor.
J-Hope • Rapper-Guia, Dançarino Principal e Compositor.
Jin • Vocalista-Guia e Visual.
Jimin • Vocalista-Guia e Dançarino-Guia.
Jungkook • Vocalista Principal, Dançarino-Guia, Rapper de Apoio e Maknae.
V • Vocalista-Guia e Face.
Músicas para ouvir e amar: *Dope* e *Blood Sweat & Tears*.

AOA

AOA (acrônimo para Ace of Angels) foi apresentado como um grupo de dança em que algumas integrantes também tocariam instrumentos. O grupo era formado por oito garotas, em que as sete atuais eram as *"full angels"* e a Youkyoung era uma *"half-angel"*, ou seja, só seria uma integrante fixa quando o grupo se promovesse como banda (sendo chamadas também de 7+1). Em outubro de 2016, a FNC anunciou a saída oficial de Youkyoung do grupo.

Período em Atividade: 2012 – atualmente.
Gravadora: FNC Entertainment.
Units: AOA Black (Choa, Jimin, Yuna, Mina e Youkyoung), AOA Cream (Yuna, Hyejeong e Chanmi).
Fandom: Elvis.
Integrantes:
Jimin • Líder, Rapper Principal e Compositora.
Choa • Vocalista Principal.
Yuna • Vocalista-Guia.
Hyejeong • Vocalista-Guia, Dançarina-Guia e Visual.
Mina • Vocalista de Apoio e Rapper-Guia.
Seolhyun • Dançarina-Guia, Vocalista-Guia e Face.
Chanmi • Dançarina Principal, Rapper-Guia, Vocalista de Apoio e Maknae.

Ex-Integrante:
Youkyung • Baterista.
Música para ouvir e amar: *Like a Cat.*

Amy Lee, mais conhecida como Ailee, é uma cantora solo coreana-americana que começou a carreira em 2006, postando vídeos em que cantava em seu canal no YouTube. Conseguiu seu *debut* apenas em 2012, mas já conquistou diversos prêmios no cenário musical. A cantora segue um gênero entre R&B e o disco rock.

Período em Atividade: 2012 – atualmente.
Gravadora: YMC Entertainment.
Fandom: Aileeans.
Música para ouvir e amar: *I will show you.*

O grupo, que era para se chamar WT (*Who's That*), mudou o nome poucos meses antes de sua estreia. EXID quer dizer *Exceed In Dreaming* e, originalmente, era formado por

Dreaming e, originalmente, era formado por seis integrantes, mas dois meses após o *debut* três garotas resolveram deixar o grupo, sendo substituídas por duas novas integrantes (Solji e Hyerin). Uma das suas principais faixas, "UP&DOWN", não foi bem-sucedida durante o lançamento em agosto de 2014, alcançando apenas a posição #94 nos *charts*. Porém, em outubro, um fã fez uma gravação da Hani apresentando a música em um show que viralizou, sendo assistido por mais de 20 milhões de pessoas. Isso fez o hit subir para a posição #10, e o grupo voltou a ser convidado pelos programas de TV para se promoverem. Com esse sucesso, a faixa conseguiu receber sua primeira vitória (e ainda levaram mais duas depois, rainhas, né?).

Período em Atividade: 2012 – atualmente.
Gravadora: Yedang Entertaiment.
Units: DASONI (Solji e Hani).
Fandom: L.E.G.O.
Integrantes:
Solji • Líder, Vocalista Principal e Dançarina-Guia.
LE • Rapper Principal, Vocalista de Apoio e Compositora.

Hani • Vocalista-Guia, Dançarina-Guia e Face.
Hyerin • Vocalista-Guia.
Junghwa • Dançarina Principal, Rapper-Guia, Vocalista-Guia, Visual e Maknae.
Ex-Integrantes:
Dami • Vocalista-Guia.
Yuji • Líder e Vocalista Principal.
Haeryung • Dançarina-Guia, Vocalista-Guia e Visual.
Música para ouvir e amar: *Up&down.*

Todos os membros do grupo participaram do *reality show* da Mnet, um canal de televisão da Coreia do Sul, chamado *MyDOL*. O programa contava com dez concorrentes, sendo que a eliminação era realizada por votação do público e outros fatores. Uma das coisas mais legais do grupo é que eles seguem uma linha mais gótica trevosa conceitual.

Período em Atividade: 2012 – atualmente.
Gravadora: Jellyfish Entertainment.
Units: VIXX LR (Leo e Ravi).
Fandom: STARLIGHT.
Integrantes:
N • Líder, Dançarino Principal e Vocalista-Guia.

Leo • Vocalista Principal.
Ken • Vocalista Principal.
Ravi • Rapper Principal Compositor e Dançarino--Guia.
Hongbin • Rapper-Guia, Vocalista de Apoio, Face e Visual.
Hyuk • Dançarino Principal, Vocalista-Guia, Compositor e Maknae.
Música para ouvir e amar: *Chained Up*.

Apesar de ser formado apenas por quatro integrantes, o grupo é conhecido por sua forte qualidade vocal (sério, só tem cantora F*D@!), sendo considerada uma das melhores estreias do K-Pop em 2014.

Período em Atividade: 2014 – atualmente.
Gravadora: Rainbow Bridge World.
Fandom: Moomoos.
Integrantes:
Solar • Líder, Vocalista Principal, Face e Visual.
Moonbyul • Rapper Principal, Dançarina Principal e Compositora.
Wheein • Vocalista-Guia e Dançarina-Guia.
Hwasa • Vocalista-Guia, Rapper-Guia e Maknae.
Músicas para ouvir e amar: *You're the best* e *Décalcomanie*.

RED VELVET

O grupo segue dois conceitos básicos: "Red" (vermelho), cor da sedução e tem um teor mais adulto e maduro; e "Velvet" (veludo), que apresenta uma concepção mais fofa e infantil. Inicialmente contava com quatro membros, sendo Yeri a última artista a entrar, pouco mais de um ano depois do *debut*. Uma curiosidade legal é que cada integrante possui uma cor que a representa: Irene com rosa, Seulgi é laranja, Wendy é azul, Joy tem o verde e Yeri o roxo (reparem que elas sempre usam algo dessa cor em fotos promocionais ou MVs).

Período em Atividade: 2014 – atualmente.
Gravadora: SM Entertainment.
Fandom: BoloFãs (mentira, ainda não tem nome oficial).
Integrantes:
Irene • Líder, Rapper Principal, Dançarina-Guia, Vocalista de Apoio e Face.
Seulgi • Dançarina Principal, Vocalista-Guia e Visual.
Wendy • Vocalista Principal e Rapper de Apoio.
Joy • Rapper-Guia e Vocalista-Guia.
Yeri • Dançarina-Guia, Rapper-Guia, Vocalista de

Apoio e Maknae.
Músicas para ouvir e amar: *Ice Cream Cake* e *Dumb Dumb*.

Acrônimo de Born to Beat, o grupo debutou com duas músicas, uma balada ("Imagine") e outra mais animada ("Insane"), para que mostrasse sua versatilidade. Um de seus integrantes, Peniel, sofre de um distúrbio de severa queda capilar há cinco anos, tendo perdido 70% do seu cabelo. Mesmo com a família sugerindo que ele desse uma pausa na carreira e focasse no tratamento, o *idol* se recusou. Isso sim que é comprometimento!

Período em Atividade: 2012 – atualmente.
Gravadora: Cube Entertainment.
Units: BTOB-BLUE (Eunkwang, Changsub, Hyunsik e Sungjae).
Fandom: Melody.
Integrantes:
Eunkwang • Líder e Vocalista Principal.
Minhyuk • Rapper-Guia, Dançarino-Guia, Vocalista-Guia e Visual.
Changsub • Vocalista Principal.

Hyunsik • Dançarino Principal, Vocalista-Guia e Compositor.
Peniel • Dançarino-Guia, Rapper-Guia e Vocalista de Apoio.
Ilhoon • Rapper Principal, Vocalista de Apoio e Compositor.
Sungjae • Vocalista-Guia, Rapper de Apoio, Face e Maknae.
Música para ouvir e amar: *Wow*.

A JYP Entertainment anunciou que lançaria um *boygroup* de sete membros que revolucionaria o K-Pop. Seria um grupo de hip--hop com especialização em artes marciais misturado com acrobacias (ou seja, fariam apresentações com performances de chutes e pulos: um lacre!). O grupo, lançado em 2014, contava com a presença dos membros do JJ Project (Jinyoung e JB), além de quatro *trainees* que apareceram em um episódio do programa "Who is Next: WIN", *reality* show responsável pela formação dos grupos WINNER e iKON, e mais outro integrante selecionado pela empresa.

Período em Atividade: 2014 – atualmente.
Gravadora: JYP Entertainment.
Fandom: I GOT7.
Integrantes:
JB • Líder e Vocalista-Guia.
Mark • Rapper Principal, Vocalista de Apoio e Visual.
Jackson • Rapper-Guia, Dançarino-Guia, Vocalista de Apoio e Face.
Jinyoung • Vocalista-Guia, Dançarino-Guia e Rapper de Apoio.
Youngjae • Vocalista Principal.
Bambam • Rapper-Guia, Dançarino-Guia e Vocalista de Apoio.
Yugyeom • Dançarino Principal, Vocalista-Guia, Rapper de Apoio e Maknae.
Músicas para ouvir e amar: *Just Right* e *Fly*.

O grupo, composto de três membros chineses e dois coreanos, foi treinado por dois anos pela YG Entertainment, mas debutado pela empresa chinesa Yuehua. Eles vêm atuando nos dois países, e é a Starship quem promove o grupo na Coreia do Sul. Algo muito legal do grupo é que um dos membros, Seungyoun, morou no Brasil durante dois anos (para jogar futebol no Corinthians!) e sabe falar português fluentemente.

Período em Atividade: 2014 – atualmente.
Gravadora: Starship Entertainment/Yuehua Entertainment.
Fandom: UNICORN.
Integrantes:
YiXuan • Líder Chinês, Dançarino-Guia e Rapper-Guia.
Sungjoo • Líder Coreano e Vocalista Principal.
WenHan • Vocalista-Guia e Visual.
Seungyoun (Luizinho) • Rapper Principal, Vocalista de Apoio, Face e Compositor.
YiBo • Dançarino Principal, Rapper-Guia e Maknae.
Música para ouvir e amar: EOEO.

LADIES' CODE

Antes mesmo do *debut*, a maioria dos membros já tinha experiência no ramo do entretenimento. RiSe participou do Miss Korea 2009 e estrelou um show de talentos, SoJung foi finalista do The Voice of Korea, EunB era cunhada do âncora do *SBS 8 News* e Ashley fazia covers de K-Pop no YouTube. O grupo, formado em 2013, sofreu um grave acidente de carro enquanto voltava de uma apresentação que encerrava a divulgação da música "Kiss Kiss", no dia 3 de setembro de 2014. Com o falecimento de dois membros, os fãs fizeram campanha para realizar o sonho da falecida EunB fazer com que a música "I'm Fine Thank You" ficasse em primeiro nas paradas musicais. Depois de uma pausa na carreira, o grupo retornou com as três integrantes restantes no início de 2016. Um grupo que merece muito amor (e visualizações), não só pela história triste, mas, principalmente, pela qualidade musical e MVs maravilhosos (esteticamente falando).

Período em Atividade: 2013 – atualmente.
Gravadora: Polaris Entertainment.
Fandom: Lavely.
Integrantes:
Ashley • Líder, Dançarina Principal e Vocalista-Guia.
SoJung • Vocalista Principal, Face e Visual.
Zuny • Rapper Principal, Vocalista-Guia e Maknae.
Ex-Integrantes:
EunB • Rapper-Guia e Vocalista-Guia.
RiSe • Dançarina-Guia, Vocalista de Apoio, Face e Visual.
Música para ouvir e amar: *The Rain*.

A QUINTA GERAÇÃO (2015—PRESENTE)

O foco do K-Pop se tornou global, e a música ficou mais americanizada. Isso acabou elevando o mercado da música coreana a outro patamar, em que precisaram lidar com *download*, compra física, *streaming* em escala mundial… O K-Pop se consolidou como um produto de exportação, que rende muito dinheiro para as empresas. Tanto que a quantidade de *debuts* solos e *units* aumentou muito em relação aos outros anos, além do grande número de grupos que vêm sendo lançados.

WINNER

O grupo foi formado no *reality* "Who is Next: WIN", onde dois times (Time A e Time B) competiram entre si pela chance de debutar como o primeiro *boygroup* da YG em oito anos, depois do BIGBANG. O Time A foi o vencedor e recebeu o nome de WINNER, que, durante a época do *debut*, fez a abertura da turnê coreana do grupo BIGBANG.

Período em Atividade: 2014 – atualmente.
Gravadora: YG Entertainment.
Fandom: Inner Circle.
Integrantes:
Seungyoon • Líder, Vocalista Principal, Compositor e Maknae.
Jinwoo • Vocalista-Guia e Visual.
Seunghoon • Dançarino Principal, Vocalista-Guia e Rapper-Guia.
Mino • Rapper Principal, Vocalista de Apoio, Compositor e Face.
Ex-Integrante:
Taehyun • Vocalista Principal Compositor e Maknae.
Música para ouvir e amar: *Empty*.

O Time B do programa "Who is Next: WIN" foi colocado em um novo *reality* (Mix & Match) com outros *trainees*, onde teriam uma nova oportunidade de debutarem. Ao fim do programa, um novo grupo foi formado e lançado com o nome de iKON, trocando o C de *icon* (ícone, em inglês) por um K, pois a empresa queria que eles fossem um ícone da Coreia do Sul.

Período em Atividade: 2015 – atualmente.
Gravadora: YG Entertainment.
Fandom: iKONIC.
Integrantes:
B.I • Líder, Rapper-Guia e Dançarino-Guia.
Jinhwan • Vocalista-Guia e Dançarino-Guia.
Yunhyeong • Vocalista-Guia e Visual.
Bobby • Rapper Principal e Face.
Donghyuk • Dançarino Principal e Vocalista-Guia.
Junhoe • Vocalista Principal.
Chanwoo • Vocalista de Apoio e Maknae.
Música para ouvir e amar: *Rhythm Ta.*

Mesmo vindo de uma empresa pequena, o grupo se destacou por mostrar bons resultados. No entanto, GFRIEND teve seu estouro quando um vídeo gravado por um fã, durante a divulgação do comeback "Me Gustas Tu", mostrava as integrantes do grupo caindo repetidas vezes devido ao palco molhado. Mesmo com esses problemas, o grupo mostrou muito profissionalismo e não parou a apresentação, fazendo a música alcançar boas colocações nos *charts*. Hoje, GFRIEND é um dos principais *girlgroups* da indústria do

K-Pop, marcadas por seu conceito colegial e coreografias extremamente elaboradas.

Período em Atividade: 2015 – atualmente.
Gravadora: Source Music.
Fandom: BUDDY.
Integrantes:
Sowon • Líder, Rapper Principal, Vocalista de Apoio e Visual.
Yerin • Dançarina-Guia e Vocalista-Guia.
Eunha • Vocalista-Guia.
Yuju • Vocalista Principal e Dançarina-Guia.
SinB • Dançarina Principal, Vocalista-Guia, Rapper--Guia e Face.
Umji • Rapper-Guia, Vocalista de Apoio e Maknae.
Música para ouvir e amar: *Rough*.

O grupo foi formado pelo *reality show* NO.MERCY, onde 12 garotos disputaram a chance do *debut*, e é conhecido por sua pegada mais hip-hop de rua. Mas, mesmo que façam cara de malvados no palco, são extremamente divertidos e brincalhões com os fãs. Jooheon (LINDOOOOO!) faz um rap agressivo, considerado até mesmo "assustador" por alguns jurados do NO.MERCY, mas que ao mesmo tempo se choca com sua mania de fazer voz de bebê e *aegyo*. Conquistaram o terceiro lugar entre os grupos estreantes de 2015, mas hoje são o maior e melhor grupo de K-Pop do mundo inteiro. E, talvez, haja um pouco de imparcialidade e ilusão nesta última afirmação, devido aos nossos corações de fã.

Período em Atividade: 2015 – atualmente.
Gravadora: Starship Entertainment.
Fandom: Monbebe.
Integrantes:
Shownu • Líder, Dançarino Principal e Vocalista-Guia.
Wonho • Vocalista de Apoio e Dançarino-Guia.
Minhyuk • Vocalista de Apoio.
Kihyun • Vocalista Principal e Compositor.
Hyungwon • Dançarino-Guia, Vocalista de Apoio e Visual.
Jooheon • Rapper Principal, Face e Compositor.
I.M • Rapper-Guia e Maknae.
Músicas para ouvir e amar: *Hero* e *All in*.

Apesar do nome, o grupo é composto de treze integrantes, divididos em três *units*, cada uma com uma especialidade: "hip-hop unit", "vocal unit" e "performance unit". São conhecidos pela "autoprodução": os componentes do grupo estão envolvidos na produção e composição de suas músicas e coreografias. Mesmo que apenas treze dos dezessete membros que treinaram para participar do grupo tenham conseguido debutar, o nome se manteve com a explicação de que: 13 membros + 3 *units* + 1 família = 17!

Período em Atividade: 2015 – atualmente.
Gravadora: Pledis Entertainment.
Units: Hip-hop Unit (S.Coups, Wonwoo, Mingyu e Vernon), Performance Unit (Hoshi, Jun, The8 e Dino) e Vocal Unit (Woozi, Jeonghan, Joshua, DK e Seungkwan).
Fandom: Carat.
Integrantes:
S.Coups • Líder do Grupo, Líder da "hip-hop *unit*" e Rapper Principal.
Jeonghan • Vocal de Apoio.
Joshua • Vocal de Apoio.
Jun • Vocal e Dançarino-Guia.
Hoshi • Dançarino Principal, Vocal de Apoio e Líder da "performance *unit*".
Wonwoo • Rapper-Guia.
Woozi • Vocalista-Guia, Produtor, Dançarino e Líder da "vocal *unit*".

DK • Vocalista Principal.
Mingyu • Rapper-Guia e Visual.
The8 • Vocal, Dançarino-Guia e B-boy.
Seungkwan • Vocalista Principal e Face.
Vernon • Rapper Principal e Dançarino.
Dino • Dançarino Principal, Rapper de Apoio e Maknae.
Música para ouvir e amar: *Very Nice.*

O grupo, formado pelo *reality* "Sixteen", é reconhecido com um dos principais lançamentos dos últimos tempos. Além de seu *debut*, "Like OOH-AHH", ter alcançado 100 milhões de visualizações (tornando-se a estreia do K-Pop mais vista do YouTube), seu *comeback* foi responsável por dar a TWICE o título de *girlgroup* a ganhar mais visualizações em pouco tempo. Atualmente é um dos maiores grupos formados por garotas no K-Pop.

Período em Atividade: 2015 – atualmente.
Gravadora: JYP Entertainment.
Fandom: Once.
Integrantes:
Jihyo • Líder e Vocalista Principal.
Nayeon • Vocalista-Guia e Face.

Jeongyeon • Vocalista-Guia.

Momo • Dançarina Principal, Rapper-Guia e Vocalista de Apoio.

Sana • Dançarina-Guia e Vocalista-Guia.

Mina • Dançarina-Guia e Vocalista-Guia.

Dahyun • Rapper-Guia e Vocalista de Apoio.

Chaeyoung • Rapper Principal e Vocalista de Apoio.

Tzuyu • Dançarina-Guia, Vocalista-Guia, Visual e Maknae.

Músicas para ouvir e amar: *Like OOH-AHH* e *Cheer Up*.

É um grupo misto, formado por quatro integrantes, em que cada membro representa uma carta do baralho. B.M é o K (King • Rei), J.Seph é o A (Ace • Ás), Somin é o R (Black JokeR • Coringa Preto) e Jiwoo é o R (Colored JokeR • Coringa Colorido). No *single* de pré-estreia "Oh NaNa", Youngji, uma ex--integrante do KARA, fez uma participação especial, sendo anunciada como membro oculto (D de hidDen • Oculto). Mesmo não tendo debutado oficialmente, o grupo viralizou mundialmente, ao ponto de alcançar o topo das paradas musicais, como no Spotify aqui no Brasil.

Período em Atividade: 2016 – atualmente.
Gravadora: DSP Entertainment.
Fandom: Não divulgado.
Integrantes:
J.Seph
B.M
Somin
Jiwoo

Música para ouvir e amar: *Oh NaNa* e *Don't Recall.*

É um projeto de grupo multinacional. Seu nome é uma abreviação de "Neo Culture Technology", termo dado para descrever o conceito do grupo ter um número ilimitado de membros divididos em várias *units* baseadas em diferentes países ao redor do mundo. Até então, o grupo possui o NCT U, que seria a *unit* principal, NCT 127, *unit* baseada em Seul (capital da Coreia do Sul) e o NCT Dream, *unit* composta apenas de membros menores de idade.

Período em Atividade: 2016 – atualmente.
Gravadora: SM Entertainment.
Units: NCT U (Taeil, Taeyong, Doyoung, Ten, Jaehyun e Mark), NCT 127 (Taeil, Johnny, Taeyong, Yuta, Doyoung, Jaehyun, Winwin, Mark e Haechan) e NCT Dream (Mark, Renjun, Jeno, Haechan, Jaemin, Chenle, Jisung).
Fandom: Não divulgado.
Integrantes:
Taeil
Johnny
Taeyong
Yuta

Doyoung
Ten
Jaehyun
Winwin
Mark
Renjun
Jeno
Haechan
Jaemin
Chenle
Jisung
Músicas para ouvir e amar: *The 7th Sense* (NCT U) e *Fire Truck* (NCT 127).

COSMIC GIRLS
WJSN

O grupo é composto de treze garotas, cada uma representa um dos signos astrológicos. Antes de seu primeiro *comeback*, a empresa divulgou um *teaser* com a constelação de serpentário. Pouco tempo depois, foi confirmada a adição de uma nova integrante, Yeonjung, vencedora do "Produce 101" e membro do I.O.I. Assim, as integrantes ficaram divididas em quatro unidades: Wonder (Bona, Cheng Xiao e Dayoung), Joy (Xuan Yi, Yeoreum e Eunseo), Sweet (Seola, Exy, Soobin) e Natural (Luda, Dawon, Mei Qi, Yeonjung), formando, então, a sigla WJSN.

Período em Atividade: 2016 – atualmente.
Gravadora: Starship Entertainment.
Fandom: Ujung.
Integrantes:
Exy (Escorpião) • Líder, Rapper Principal, Dançarina-Guia, e Vocalista de Apoio.
Seola (Sagitário) • Vocalista-Guia e Compositora.
Xuan Yi (Aquário) • Dançarina-Guia e Vocalista de Apoio.

Bona (Leão) • Dançarina-Guia, Rapper-Guia, Vocalista de Apoio e Visual.
Soobin (Virgem) • Vocalista Principal.
Luda (Peixes) • Vocalista-Guia e Rapper-Guia.
Dawon (Áries) • Vocalista Principal.
Eunseo (Gêmeos) • Dançarina-Guia, Rapper-Guia e Vocalista-Guia.
Cheng Xiao (Câncer) • Dançarina Principal, Vocalista de Apoio, Rapper de Apoio, Face e Visual.
Mei Qi (Libra) • Dançarina Principal, Vocalista-Guia e Rapper de Apoio.
Yeoreum (Capricórnio) • Rapper-Guia, Dançarina--Guia e Vocalista de Apoio.
Dayoung (Touro) • Vocalista-Guia e Dançarina--Guia.
Yeonjung (Serpentário) • Vocalista Principal, Face e Maknae.
Música para ouvir e amar: *Secret.*

Acrônimo de CrystaL Clear, o grupo era conhecido antes de seu *debut* por Cube Girls e já ganhavam atenção devido às apresentações de rua, sem fins lucrativos, para ajudar crianças com deficiência. Um ano depois do seu *debut*, a empresa anunciou a adição de duas novas integrantes: Elkie e Eunbin (participante do programa Produce 101). O grupo teve uma repaginação em 2017 com o novo álbum "Crystyle", que veio com um conceito *girl power* e colaboração da HyunA (ex-4MINUTE) na produção das músicas e do MV.

Período em Atividade: 2015 – atualmente.
Gravadora: Cube Entertainment.
Fandom: Cheshire.
Integrantes:
Seungyeon • Líder, Dançarina Principal, Vocalista-Guia e Rapper-Guia.
Seunghee • Vocalista Principal.
Yujin • Dançarina-Guia, Rapper-Guia e Vocalista de Apoio.
Sorn • Vocalista-Guia e Face.
Yeeun • Rapper Principal e Vocalista de Apoio.
Elkie • Vocalista-Guia, Dançarina-Guia e Visual.
Eunbin • Dançarina-Guia, Rapper-Guia e Maknae.
Música para ouvir e amar: *Hobgoblin*.

Abreviação de *Ideal of Idol* (ideal de ídolo), I.O.I foi um grupo temporário formado através do *reality* show Produce 101, exibido pela Mnet. O programa contava com a participação de 101 *trainees* enviadas de diferentes empresas, que competiam pela chance de debutar em um grupo formado por 11 garotas. Esse grupo se apresentaria por apenas um ano e, após o fim dos trabalhos, cada integrante voltaria para sua respectiva empresa.

Período em Atividade: 2016 – 2017.
Gravadora: YMC Entertainment.
Fandom: Não divulgado.
Integrantes:
Nayoung (Pledis Entertainment) • Líder, Rapper Principal, Vocalista de Apoio e Compositora.
Chungha (M&H Entertainment) • Dançarina Principal, Vocalista-Guia e Rapper-Guia.
Sejeong (Jellyfish Entertainment) • Vocalista Principal.
Chaeyeon (MBK Entertainment) • Vocalista de Apoio e Visual.
Pinky (Pledis Entertainment) • Vocalista-Guia, Dançarina-Guia e Visual.
Sohye (S&P Entertainment) • Vocalista de Apoio e Rapper de Apoio.
Yeonjung (Starship Entertainment) • Vocalista Principal.
Yoojung (Fantagio) - Dançarina-Guia, Rapper-Guia, Vocalista-Guia e Compositora.

Mina (Jellyfish Entertainment) • Dançarina-Guia, Rapper-Guia e Vocalista de Apoio.
Doyeon (Fantagio) • Vocalista-Guia, Dançarina--Guia e Visual.
Somi (JYP Entertainment) • Vocalista-Guia, Dança-rina-Guia, Rapper de Apoio, Face e Maknae.
Música para ouvir e amar: *Very Very Very*.

O primeiro *girlgroup* formado pela YG no período de sete anos após o 2NE1. Isso já causou alvoroço o suficiente antes mesmo do grupo ter debutado, apenas através dos *teasers*. Lançadas com dois *singles*, "BOOMBAYAH" e "Whistle", o Blackpink estourou mundialmente, se tornando um dos principais grupos femininos do cenário do K-Pop atual.

Período em Atividade: 2016 – atualmente.
Gravadora: YG Entertainment.
Fandom: Blink.
Integrantes:
Jisoo • Vocalista de Apoio e Visual.
Jennie • Rapper Principal e Vocalista-Guia e Face.
Rosé • Vocalista Principal.

Lisa - Dançarina Principal, Rapper-Guia e Maknae.
Música para ouvir e amar: *Boombayah*.

Originalmente chamado de 5Live (e contendo apenas cinco membros), o grupo se apresentava em diversos locais e começava a chamar a atenção do público. Com a entrada de Dowoon, passaram a se chamar DAY6. A banda, produzida por uma grande empresa do ramo do K-Pop, tem conquistado cada vez mais o seu espaço na música mesmo no meio de tantos grupos famosos.

Período em Atividade: 2015 – atualmente.
Gravadora: JYP Entertainment.
Fandom: Não divulgado.
Integrantes:
Sungjin • Líder, Vocalista Principal e Guitarrista.
Jae Park • Vocalista-Guia, Rapper e Guitarrista.
Young K • Baixista, Vocalista e Rapper.
Wonpil • Sintetizador, Tecladista e Vocalista.
Dowoon • Baterista.
Ex-Integrante:
Junhyeok • Tecladista e Vocalista.
Música para ouvir e amar: *I Wait*.

OH MY GIRL
OMG

OH MY GIRL é o primeiro grupo feminino da WM Entertainment e foi altamente divulgado como o grupo paralelo ao B1A4. A coreografia da música "Closer" apresenta uma peculiaridade quando vista de cima, pois os signos do zodíaco se formam durante a coreografia. É um grupo muito popular entre as K-Idols; Nayeon (TWICE), Yeonjung (Cosmic Girls) e Hani (EXID) são algumas das que já admitiram seu amor pelo grupo.

Período em Atividade: 2015 – atualmente.
Gravadora: WM Entertainment.
Fandom: Miracle.
Integrantes:
Hyojung • Líder e Vocalista Principal.
JinE • Vocalista de Apoio.
Mimi • Rapper Principal, Dançarina Principal, Vocalista de Apoio e Compositora.
YooA • Dançarina Principal, Vocalista-Guia e Face.
Seunghee • Vocalista Principal.
Jiho • Vocalista-Guia, Dançarina-Guia, Rapper-Guia e Visual.
Binnie • Rapper-Guia, Vocalista de Apoio e Dançarina-Guia.

Arin • Vocalista de Apoio, Dançarina-Guia e Maknae.
Músicas para ouvir e amar: *Closer* e *Liar Liar*.

Era um grupo de dança chamado de NEOZ Dance, mas que debutou como SF9 no ano de 2016 e tem ganhado bastante atenção devido a sua grande desenvoltura em coreo-grafias e músicas fortes repletas de batidas pesadas.

Período em Atividade: 2016 • atualmente.
Gravadora: FNC Entertainment.
Fandom: Fantasy.
Integrantes:
Inseong • Vocalista Principal.
Youngbin • Líder, Rapper-Guia e Dançarino-Guia.
Jaeyoon • Vocalista-Guia e Dançarino-Guia.
Dawon • Vocalista-Guia e Dançarino-Guia.
Zuho • Rapper Principal, Dançarino-Guia.
Rowoon • Vocalista-Guia e Visual.
Taeyang • Vocalista-Guia e Dançarino Principal.
Hwiyoung • Rapper-Guia, Vocalista de Apoio e Face.
Chani • Dançarino-Guia, Vocalista de Apoio, Ra-pper de Apoio e Maknae.
Música para ouvir e amar: *Roar*.

ASTRO

O grupo nasceu do projeto "iTeen", que permitia que o grande público acompanhasse os progressos dos *trainees* selecionados pela Fantagio Music. Antes da estreia, a empresa lançou uma série na internet (web drama) chamada "To Be Continued" com os integrantes do grupo para apresentá-los ao público. Eles possuem um conceito fofo, com músicas animadas, batidas fortes e letras chiclete. Já foram reconhecidos em programas musicais pelas habilidades na dança e pelo alto grau de dificuldade das coreografias.

104

Período em Atividade: 2016 – atualmente.
Gravadora: Fantagio Music.
Fandom: Aroha.
Integrantes:
JinJin • Líder, Dançarino-Guia e Rapper Principal.
MJ • Vocalista Principal.
Cha Eun-woo • Vocalista-Guia, Face e Visual.
Moon Bin • Dançarino-Guia e Vocalista-Guia.
Rocky • Dançarino Principal e Rapper-Guia.
SanHa • Vocalista-Guia, Dançarino-Guia e Maknae.
Música para ouvir e amar: *Hide&Seek*.

BoA BIGBANG RAIN

SUPER JUNIOR

TVXQ! FTISLAND

BROWN EYED GIRLS

U-KISS

WONDER GIRLS SHINee

MONSTA X WINNER iU KARA

GOT7 GIRLS'GENERATION

EXo EXId TWICE

AOA VIXX BTS BLACKPINK

iKON CLC K.A.R.D B.A.P

GFRIEND

OH MY GIRL AILee

RED VELVET

MAMAMOO UNIQ BTOB NCT

24K COSMIC GIRLS i.O.i

SEVENTEEN LADIES'CODE 2PM

LETRAS DE MÚSICAS

COMO JÁ FALAMOS, as músicas de K-Pop são repletas de significados. É algo genuíno. Quando um cantor ama, ele ama por completo. Quando ele sente falta, é um buraco, um vazio. É muito usual descrever aquele sentimento, transparecer na música que eles realmente sentem aquilo. As letras são dramáticas e expressivas, como se estivessem contando uma história. Então, é muito comum encontrar letras que te fazem pensar e sentir também, claro. Separamos duas músicas que são muito importantes para nós e queríamos compartilhar com vocês a nossa tradução para as mesmas. "Into The New World", música do *debut* das Girls' Generation, em 2007, é prestigiada até hoje e já foi usada inclusive em protestos contra o governo na Coreia do Sul.

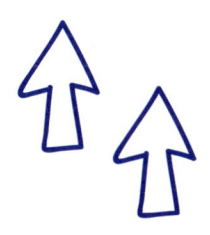

INTO THE NEW WORLD (NO NOVO MUNDO)
GIRLS' GENERATION

Eu quero te contar, mesmo que a época triste já tenha passado
Feche os seus olhos e sinta,
como você afeta a minha mente, como você atrai o meu olhar

Não espere por um milagre, existe uma difícil estrada em nossa frente
com obstáculos e um futuro que não pode ser conhecido,
mesmo assim eu não vou mudar, eu não posso desistir

Mantenha o seu amor inalterado para o meu coração ferido
Olhando nos seus olhos,
palavras são desnecessárias, o tempo parou

Eu te amo, desse jeito. O desejado fim da nossa caminhada sem destino
Eu deixo de lado a tristeza sem fim deste mundo
Caminhando pelos diversos e desconhecidos caminhos, eu sigo uma luz fraca
É algo que faremos juntos até o fim, no novo mundo

Não espere por um milagre, existe uma difícil estrada em nossa frente
com obstáculos e um futuro que não pode ser conhecido,
mesmo assim eu não vou mudar, eu não posso desistir

Mantenha o seu amor inalterado para o meu coração ferido
Olhando nos seus olhos, palavras são desnecessárias, o tempo parou

Eu te amo, desse jeito. O desejado fim da nossa caminhada sem destino

Eu deixo de lado a tristeza sem fim deste mundo
Caminhando pelos diversos e desconhecidos caminhos, eu
sigo uma luz fraca
É algo que faremos juntos até o fim, no novo mundo

Se sentindo sozinha nesta escura escura noite
Sua respiração suave
Este momento, calorosamente me prende a sua presença
Eu quero que você conheça todos os meus tremores

TOMORROW (AMANHÃ)
BTS

O mesmo dia, a mesma lua
24 horas por dia nos 7 dias da semana, tudo se repete
Minha vida está no meio disso
Desempregado, vinte e poucos anos, com medo do amanhã
É engraçado, você acha que tudo é possível quando criança
Até você sentir como é difícil passar por um dia
Continua sentindo como se controlasse a batida, continua
baixando
Cada dia é uma repetição de ctrl+c, ctrl+v

Eu tenho um longo caminho a percorrer, mas por que eu estou
correndo no mesmo lugar?
Eu grito em frustração, mas ecoa no ar vazio
Espero que amanhã seja diferente de hoje
Eu apenas espero

Siga seu sonho como um destruidor
Mesmo se der tudo errado, oh vai melhorar
Siga seu sonho como um destruidor
Mesmo se der tudo errado
Não volte atrás, jamais

Porque a madrugada é mais escura antes do amanhecer
Mesmo num futuro distante, nunca se esqueça o você de agora
Onde quer que você esteja agora, você está fazendo apenas
uma pausa
Não desista, você sabe

Não demore muito para chegar, amanhã
Não demore, amanhã

Não demore muito para chegar, amanhã

O amanhã que estávamos esperando se torna o nome de ontem em algum momento
Amanhã torna-se hoje, hoje torna-se ontem,
amanhã torna-se ontem, e está atrás de mim
A vida não é sobre ir vivendo mas ir sobrevivendo
À medida que você sobrevive, você desaparecerá algum dia
Se você continuar distraído, você será varrido
Se você não tem coragem, confie
Tudo se tornará ontem de qualquer maneira, então qual é a utilidade?
Eu queria ser alguém feliz e forte, mas por que estou me tornando mais fraco?
Aonde estou indo? Estou indo aqui e ali mas eu sempre volto aqui
Sim, eu provavelmente voarei a algum lugar, existe um fim nesse labirinto?

Eu tenho um longo caminho a percorrer, mas por que eu estou correndo no mesmo lugar?
Eu grito de frustração, mas ecoa no ar vazio
Espero que amanhã seja diferente de hoje
Eu apenas espero

Siga seu sonho como um destruidor
Mesmo se der tudo errado, oh vai melhorar
Siga seus sonhos como um destruidor
Mesmo se der tudo errado, não volte atrás, jamais

Porque a madrugada é mais escura antes do amanhecer
Mesmo num futuro distante, nunca se esqueça o você de agora
Onde quer que você esteja agora, você está fazendo apenas
uma pausa
Não desista, você sabe

Não demore muito para chegar, amanhã

Amanhã, continue seguindo, somos muito jovens para parar
Amanhã, abra a porta, nós vimos coisas demais para fechar a
porta
Quando a noite escura passar, uma manhã brilhante virá
Quando o amanhã chegar, a luz brilhante brilhará então não se
preocupe
Este não é um ponto final
Mas apenas uma pausa na sua vida
Levante seu polegar e pressione play para que todos possam
ver

Siga seu sonho como um destruidor
Mesmo se der tudo errado, oh vai melhorar
Siga seus sonhos como um destruidor
Mesmo se der tudo errado, não volte atrás, jamais

Porque a madrugada é mais escura antes do amanhecer
Mesmo num futuro distante, nunca se esqueça o você de agora
Onde quer que você esteja agora, você está fazendo apenas
uma pausa
Não desista, você sabe

Não demore muito para chegar, amanhã
Não demore, amanhã
Não demore muito para chegar, amanhã

É LÓGICO QUE o K-Pop não é só feito de letra bonita, sentimental e cheia de significados, né? Existem músicas descontraídas também, onde o único intuito é divertir e nos fazer dançar. E isso é o mais legal desse gênero musical, existem músicas para te acompanhar em cada momento da sua vida. Então, confiram a tradução de uma das nossas favoritas!

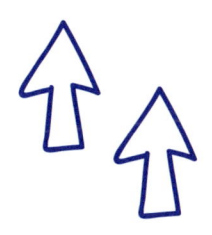

RED (VERMELHO)
HYUNA

Faça isso bem legal, faça isso mais quente
Batom vermelho, faça isso mais vermelho (vermelho)
Faça isso bem legal, faça isso mais quente
Batom vermelho, faça isso mais vermelho (vermelho)
Passo um batom vermelho da minha cor
Minha fofura te faz querer me morder, como uma obra de arte
Como um lámen apimentado você pensa em mim toda noite
Se você gosta de mim, venha até aqui

Hyuna está de volta, com um corpo melhor de que qualquer outra
Sou uma opção completa
Vou me aquecer e depois correr
Pois essa coisa vermelha sou eu
Agora vou subir no palco

Não me deixe
Estou tão sozinha agora
Pelo menos, não me deixe
Sou a única aqui
Posso mudar nesse instante

A bunda de um macaco é vermelha (o quê?!)
Vermelho é HyunA, HyunA sou eu (sim)
A bunda de um macaco é vermelha (o quê?!)
Vermelho é HyunA, HyunA sou eu (ah)

(Oh, eh, oh, eh, oh)
Uh, uh, vermelho é HyunA
(Oh, eh, oh, eh, oh)

Uh, uh, vermelho é HyunA

Faça isso bem legal, faça isso mais quente
Batom vermelho, faça isso mais vermelho (vermelho)
Faça isso bem legal, faça isso mais quente
Batom vermelho, faça isso mais vermelho

Todos vocês, parem agora
Vou punir vocês na bunda
Vocês não me aguentarão a noite toda
Diga: H Y U N até o A
No palco, sou matadora
Minha confiança atinge os céus
Não vou dizer mais muita coisa

Não me deixe
Estou tão sozinha agora
Pelo menos, não me deixe
Pois sou a única aqui
Posso mudar nesse instante

A bunda de um macaco é vermelha (o quê?!)
Vermelho é HyunA, HyunA sou eu (sim)
A bunda de um macaco é vermelha (o quê?!)
Vermelho é HyunA, HyunA sou eu (ah)

(Oh, eh, oh, eh, oh)
Uh, uh, vermelho é HyunA
(Oh, eh, oh, eh, oh)
Uh, uh, vermelho é HyunA

Vermelho é HyunA

HyunA é vermelha, HyunA é vermelha
HyunA é vermelha, Vermelho é HyunA

HyunA é vermelha

Não me deixe
Estou tão sozinha agora
Pelo menos, não me deixe
Pois sou a única aqui
Posso mudar nesse instante

A bunda de um macaco é vermelha (o quê?!)
Vermelho é HyunA, HyunA sou eu (sim)
A bunda de um macaco é vermelha (o quê?!)
Vermelho é HyunA, HyunA sou eu (ah)

(Oh, eh, oh, eh, oh)
Uh, uh, vermelho é HyunA
(Oh, eh, oh, eh, oh)
Uh, uh, vermelho é HyunA

DICIONÁRIO

do K-POP

QUANDO SE entra no mundo do K-Pop, automaticamente milhões de novas palavras são adicionadas ao seu vocabulário. Algumas como DEBUT, COMEBACK, LIGHTSTICK e MV nós já explicamos. Porém, o glossário é um pouquinho maior e vamos salvá-los da confusão mostrando os significados de alguns termos.

Vamos começar com algo que você ouve muito quando entra nesse mundo: BIAS. *Bias* nada mais é do que o seu componente favorito dentro de um grupo, aquele que você mais admira (aquele que você ama com o fogo da sua alma, que você quer guardar dentro de um potinho, sabe?). Se formos levar ao pé da letra, o correto seria você ter apenas um *bias* dentro de cada grupo. Mas claro que vivemos em um mundo livre onde o poliamor é aceito nos FANDONS, então está tudo bem se você tiver mais de um (ou todos) *bias* dentro do mesmo grupo. A partir daí, você precisa escolher o seu favorito dentre todos os *bias*, que será chamado de ULTIMATE. É aquela pessoa dentre todas, a especial, a única, a que você ama arduamente! AQUELA pessoa, sabe? Repetindo, toda regra tem sua exceção, então não tem problema se você falar que possui mais de um *ultimate*.

Outra coisa que você também ouvirá muito, quando se trata do *debut* ou *comeback* de um grupo, é em relação ao conceito. O que seria este "CONCEITO"? É, basicamente, o "tema" que o grupo irá adotar. Por exemplo, você compra um celular novo e coloca nele uma capinha de unicórnio porque gosta de coisas fofas. Passa algum tempo e você troca de capinha, optando por uma mais gótica trevosa. O celular ainda é o mesmo, porém com uma identidade nova. É mais ou menos assim com os grupos. O GOT7 fez um *comeback* em 2015 com "Just Right", uma música alegre com um MV colorido e superfofo. Em 2016, o mesmo grupo voltou com "Hard Carry", uma música com batidas mais pesadas e MV mais escuro e sombrio. Deu para entender melhor como funcionam os conceitos?

Partindo para a parte triste, vamos falar sobre DISBAND, que significa o fim de um grupo. Normalmente acontece quando um contrato acaba e não é renovado (mas claro que também podem existir outros motivos).

Mergulhar no universo kpopper é ter consciência de que está entrando em uma cul-

tura completamente nova. Então, abaixo segue uma listinha com mais algumas palavras que você pode acabar se deparando pelo caminho:

ABS

Abreviação de abdômen, geralmente nos referimos aos abdomens definidos masculinos.

AEGYO

Fazer um gesto fofo ou criar um charme inocente e doce, principalmente em fotos e vídeos para encantar os fãs.

AIGOO

O equivalente coreano de "Putz...", "Ai, meu Deus!"

ALL-KILL

Quando uma música alcança a primeira colocação nos maiores *charts online* da Coreia do Sul ao mesmo tempo.

ANNYEONGHASEYO

Olá, oi.

APPA

Papai.

BABO

Idiota, tolo.

BIAS

O seu *idol* (ou *idols*) favorito de um grupo.

BIG THREE

São as três maiores empresas que dominam a in-dústria musical do K-Pop há anos: SM Entertainment, YG Entertainment e JYP Entertainment.

BLACK OCEAN

Quando vários fãs desligam seus *lightsticks* durante a performance de algum grupo (normalmente um grupo que eles consideram "rival").

CAPOPEIRO

Forma abrasileirada e divertida de chamar um kpopper!

CF

Sigla de "commercial film", ou seja, uma propaganda.

CHARTS

Conhecido no Brasil como "Paradas Musicais", é uma lista de músicas mais ouvidas de um determinado *player*.

CHU

é uma forma fofa de dizer "beijo".

COME BACK

Retorno de um artista ou grupo.

DAE BAK

"Grande sucesso", você usa isso para desejar sucesso a um artista.

DEBUT

Lançamento de um artista ou grupo.

DONGSAENG

Maneira de se referir a uma pessoa mais nova que você.

DORAMA/DRAMA

Novela asiática.

FANCAM

Vídeos de show ou eventos gravados por fãs (algumas vezes focados especificamente em um *idol*).

FANDOM

Fã-clube, conjunto de fãs.

FANMEETING

Evento com um pequeno show e bastante interação com os fãs.

FANSERVICE

Ações feitas pelos *idols* para deixar seus fãs felizes.

FANSIGN

Evento em que os ídolos ficam em uma mesa dando autógrafos.

FIGHTING/ HWAITING

Palavra de apoio usada como incentivo, encorajamento; é como dizer "Força!".

FLOP

Quando um grupo ou uma música não faz sucesso.

HANGUL/HANGEUL

Sistema de escrita coreana.

HIATUS

Período de pausa/inatividade dos artistas.

HYUNG

Maneira de um garoto se referir a outro garoto mais velho do que ele; significa irmão mais velho.

JJANG

O melhor.

KAMSAHAMNIDA

Forma mais formal de se dizer "Obrigado".

KPOPPER

Fã de K-Pop.

KOMAWEO

Maneira informal de se dizer "Obrigado" (normalmente com quem se tem mais proximidade).

LIGHTSTICK

Bastão de luz colorido usado por fãs nos shows.

MAKNAE

O integrante mais jovem de um grupo.

MV

Abreviação de "Music Video", ou seja, o clipe.

NETIZEN

Junção de Internet com Citzien (cidadão), e significa uma pessoa que usa bastante a internet e faz comentários sobre diversos assuntos.

NONNA/NUNA

Maneira de um garoto se referir a uma garota mais velha do que ele.

OMMA

Mãe

OPPA

Maneira de uma garota se referir a um garoto mais velho do que ela.

OTTOKE?

"E agora?", "O que eu faço?".

PERFORMANCE

Apresentação ao vivo.

PRÉ-DEBUT

Período antes da estreia de um artista ou grupo.

ROOKIE

Se diz em relação aos artistas ou grupos novos, que estrearam recentemente.

SARANGHAE

Eu te amo.

SASAENG

Fãs obsessivas que investigam detalhes pes--soais dos ídolos e se intrometem na sua vida privada, perseguindo o artista.

SELCA

Selfie.

SEONSAENG

Professor.

SHIPPNAME

(ou só shipp) união dos nomes de dois ídolos para nomear o casal que o fã torce para ficar junto ou realmente está junto.

STANS

Fãs que são leais a uma agência, defendendo-a a todo custo e, na maioria das vezes, gostam de todos os artistas daquela empresa.

TRAINEE

Artista em treinamento, que ainda não debutou.

TROT

Gênero tradicional de música coreana. Alguns grupos fazem versões trot de suas músicas com um tom cômico.

UNIT

Quando alguns membros de um grupo formam um subgrupo.

UNNIE/EONNI

Maneira de uma garota chamar outra garota mais velha do que ela.

UMA DAS características que mais marcam o K-Pop definitivamente são as coreografias das músicas. Os anos e anos de treinamento de um *idol o* transformam em uma verdadeira máquina de dança (quase como aquelas de DDR ou Pump it up!). Obviamente alguns membros dentro de um grupo acabam se destacando mais do que outros, mas até mesmo o pior dançarino pode te deixar de queixo caído durante uma apresentação.

As coreografias no K-Pop são marcadas por muita sincronia e movimentos precisos. Os artistas passam por ensaios rigorosos e intensos antes de cada *comeback*, pois as empresas de entretenimento sabem o quão importante a dança é para os fãs.

Durante a época de divulgação de um single, é muito comum serem lançados vídeos de *dance practice*, que são gravações dos bastidores mostrando como é feito o treinamento dos integrantes do grupo. Também existem MVs inteiramente focados na dança, ou seja, sem a história construída no clipe oficial. Assim, fica bem mais fácil para nós, meros mortais, aprendermos

os passos e admirarmos a coreografia completa. E kpopper que é kpopper quer aprender todas as coreografias dos seus grupos favoritos!
Caso você queira pegar todos os passos de uma
música para arrasar na balada, em casa ou até
mesmo com os amigos, procure sempre aprender por vídeos que possuam a palavra *mirrored*
no título. Estes possuem a versão espelhada da
coreografia, de forma que quando você for ensaiar, não corre o risco de aprender de forma
trocada.

LISTAMOS ALGUMAS
COREOGRAFIAS
INCRÍVEIS, DE ARRASAR
QUALQUER PISTA DE DANÇA,
PARA VOCÊ TENTAR
APRENDER:

GFRIEND — ME GUSTAS TU

eXo — CALL ME BABY

131

SUPER JUNIOR — SORRY, SORRY

TWICE — LIKE OOH-AHH

MONSTA X — HERO

BLACKPINK — BOOMBAYAH

BLOCK B — HER

2NE1 — I AM THE BEST

132

Girls' Generation — GEE

 — BE MINE

 — DOPE

RED VELVET — DUMB DUMB

DORAMAS

E NOVELAS KOREANAS

AGORA VAMOS falar sobre um assunto que a maioria dos K-Poppers ou amantes da cultura asiática adoram:

OS DORAMAS.

DORAMAS (ou só "dramas") são séries da televisão oriental, seja coreana (k-drama), japonesa (j-drama), tailandesa (tw-drama), chinesa (c-drama) ou um LIVE-ACTION (adaptação de animes ou mangás com atores reais). É nessa hora que você provavelmente deve estar pensando que as novelas aqui do Brasil deveriam se chamar de "b-dramas"! É quase isso, mas os dramas orientais são bem diferentes das novelas que conhecemos aqui no Ocidente.

A Coreia do Sul é a líder do mercado de doramas, pois produz mais do que qualquer outro país oriental, sempre fazendo bastante sucesso. As obras coreanas costumam ter episódios de uma hora de duração e, cada temporada, uma média de 16 episódios. Os gêneros das séries variam bastante, vão de romance à mistério. O Japão e a Tailândia também são nomes fortes no mercado de doramas. Os j-dramas têm

um ritmo mais acelerado e uma duração de episódios parecida com as séries norte-americanas e os tw-dramas são mais longos, com um ritmo mais lento, mas tão bons quanto. Além disso, outra diferença bem marcante entre os doramas de cada país consiste na forma como cada um é produzido e qual o foco do mercado.

Como nosso interesse é a Coreia do Sul, vamos focar somente nos *k-dramas*. Comparado aos outros países, aqui temos uma produção de orçamento mais baixo, ao mesmo tempo que, ironicamente, o salário dos atores é muito mais alto. Em relação à história, começa com uma base predeterminada e, no decorrer da transmissão, o enredo acaba sendo construindo em cima do FEEDBACK do público, levando em consideração o que está fazendo sucesso. Então, pode acontecer de o roteiro do próximo episódio ser escrito só depois que o antecessor for ao ar, sendo gravado logo em seguida.

Como diz o nome, se tem algo que os produtores de doramas gostam, é drama. E, se tratando do k-drama, prepare-se para ver muito romance. Isso porque é uma fórmula que dá

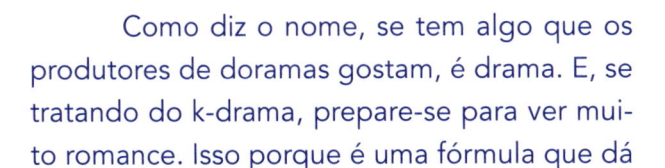

muito certo por lá e, ao mesmo tempo, não exige um enredo detalhado e elaborado como uma série policial ou de suspense. As histórias românticas apresentam personagens inocentes e mais tímidos, o envolvimento do casal principal não é rápido. Demora bastante tempo para finalmente acontecer o tão aguardado beijo e levar os fãs à loucura torcendo pelo *ship*. Às vezes temos que nos contentar só com um abraço mesmo. É algo cultural também, os asiáticos exploram melhor os sentimentos e não o contato físico nas suas tramas. Os cenários são extremamente lindos, nos mostrando uma Coreia do Sul de encher os olhos de emoção – é um dos métodos utilizados para influenciar o turismo na região.

O bom de assistir a doramas é que, diferente do formato ocidental, as séries não entram em *hiatus* (aquela pausa entre uma temporada e outra que pode durar até um ano). Em compensação, dificilmente rola uma segunda temporada, pois são como as nossas novelas brasileiras com o enredo fechado. O que acaba sendo um ponto positivo, pois assim temos uma maior variedade de doramas de boa qualidade.

E onde entra o K-Pop no mundo das novelas? É que vários artistas não são apenas músicos e dançarinos, eles também são atores. Como a Yoona, do Girls' Generation, e o Lay, do EXO, que atuam muito bem e já protagonizaram várias produções. Carreira consolidada na música e na televisão é para poucos, meu amor!

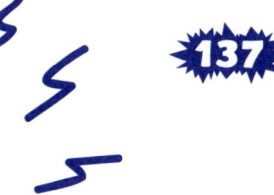

SEPARAMOS UMA PEQUENA LISTA DE DORAMAS IMPERDÍVEIS PARA VOCÊ ASSISTIR:

(YOONA GIRLS' GENERATION)

Kim Je Ha (Ji Chang Wook) é um ex-agente do serviço secreto com excelentes habilidades em artes marciais que foi contratado como guarda-costas de Choi Yoo Jin (Song Yoon Ah), a esposa do candidato à presidência e filha de uma família *chaebol* (ou seja, bem rica). Atrás da atitude gentil e amável de Choi Yoo Jin, encontra-se uma mulher com grandes ambições. Em meio a suas lutas, há também Go An Na (Yoona), a filha oculta do candidato que, devido a um trauma de infância, é incapaz de se comunicar com o mundo e só vê o amor como uma ferramenta de vingança. Então, quando ela e Kim Je Ha decidem se vingar das pessoas que os prejudicaram, eles terão que aprender a colocar seus próprios traumas de lado e se concentrar no que é importante, ou acabarão falhando em suas buscas por vingança.

DESCENDANTS OF THE SUN

(ONEW — SHINEE)

O soldado Yoo Si Jin (Song Joong Ki) reencontra a cirurgiã Kang Mo Yeon (Song Hye Kyo) durante uma missão de paz em Urk. Precisando lidar com a pressão da profissão e com o ponto de vista sobre matar e salvar vidas, os dois vão ter que explorar os seus sentimentos e descobrir o que é mais importante para eles.

IT'S OKAY, THAT'S LOVE

(D.O — EXO)

Jang Jae Yeol (Jo In Sung) é um escritor best-seller de mistério e DJ de rádio que sofre de Transtorno Obssessivo-Compulsivo (TOC). Ji Hae Soo (Gong Hyo Jin) é uma jovem médica ambiciosa que está passando por seu primeiro ano de treinamento na ala de psiquiatria em um hospital universitário. Quando os dois se encontram pela primeira vez, entram em conflito por causa das personalidades fortes e da dificuldade em compreender o outro. Mas, com o tempo, a relação muda e eles terão que enfrentar dificuldades e receios em suas vidas.

 # UNCONTROLLABLY FOND

(SUZY — MISS A)

O que pode acontecer quando, após um catastrófico término de namoro, o ex-casal se reencontra anos depois? Ainda mais quando precisam lidar com suas personalidades fortes, já que Shin Joon Young (Kim Woo Bin) agora é um cantor famoso totalmente egoísta e No Eul (Suzy), uma documentarista supermaterialista.

OH! MY LADY

(SIWON — SUPER JUNIOR)

Uma comédia romântica sobre a corajosa dona de casa, Yoon Gae Hwa (Chae Rim), que, ao começar a trabalhar para o exigente superstar Sung Min Woo (Siwon), percebe que, ao cuidar da filha ilegítima dele, a aproximação com seu patrão é mais do que profissional.

ORANGE MARMALADE

(JONGHYUN — CNBLUE E SEOLHYUN — AOA)

Em um mundo onde vampiros e humanos co-existem de forma não amigável, a jovem Baek Ma Ri (Seolhyun) se muda para uma nova cidade onde ninguém conhece sua verdadeira identidade de vampira. Mas tudo muda quando ela acidentalmente beija o pescoço do garoto mais popular da escola.

Caso você tenha interesse em conhecer um pouco desse formato de novela/seriado, encontrará bastante títulos em serviços de streaming como a Netflix, a Viki e, principalmente, o

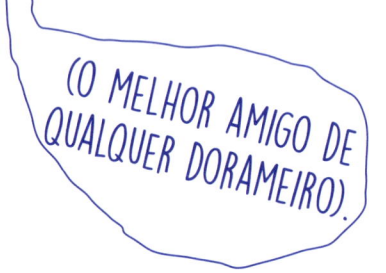

(O MELHOR AMIGO DE QUALQUER DORAMEIRO).

CURIOSIDADES

do mundo K-POP

QUE O K-POP é recheado de peculiaridades e características bem autênticas nós já sabemos, certo? O comprometimento com o trabalho e a inovação nos fazem apreciar essa cultura tão diferente da nossa. Sem falar que é um universo fascinante, repleto de fatos engraçados, estranhos e, até mesmo, curiosos.

Assim como no Brasil, o alistamento militar masculino na Coreia do Sul é obrigatório. Com duração de 21 a 24 meses, o homem pode escolher o momento de se alistar entre os 18 e 35 anos. Isso acaba sendo um problema para os grupos de K-Pop, que precisam dar uma pausa no trabalho para servir ao exército. Entre algumas das medidas que as empresas vêm tomando para não sofrerem tanto está o fato de escolher membros cada vez mais novos para os grupos ou procurar *idols* de países estrangeiros (ASSIM NÃO PRECISAM SE ALISTAR).

Já existiu um grupo chamado K-Pop. Sim, em 2001 o mundo do K-Pop recebeu o *de-*

but do *boygroup* K'Pop com o seu álbum de estreia intitulado *Kpop!*. Já não bastasse toda essa cômica situação em relação ao nome, depois de muito tempo, um *netizen* trouxe à tona um possível motivo para o *disband* do grupo em 2004. O post falava basicamente que: integrantes A e B do grupo namoravam, porém A traiu B com um membro C de outro grupo, fazendo B atacar A violentamente, levando ao fim do grupo. O boato nunca foi confirmado, MAS É QUASE UM CASOS DE FAMÍLIA, NÉ, GENTE?

Quem vê o grupo Stellar hoje, cheio de coreografias sexy e provocativas, não imagina o sufoco que elas passaram para conseguir espaço no mercado. Depois de lançar algumas músicas que não emplacaram, o grupo se viu em uma situação desesperadora, onde não tinham dinheiro para transporte e precisavam dividir um único prato de comida entre todas as integrantes. Em uma entrevista, elas comentaram que quando viam um grupo feminino famoso passar de van por elas, as meninas se escondiam de vergonha. Foi aí que elas resolveram colocar todas as cartas na mesa, apostando em um conceito sexy naquele que poderia ser o último álbum da carreira delas. E foi com o sucesso de **"MARIONETTE"** que elas conquistaram o seu espaço.

O *girlgroup* Ladies' Code também tem uma história muito triste em sua bagagem. Em 2014, enquanto voltavam de uma apresentação que encerrava a divulgação do último single, "Kiss Kiss", a van que as meninas estavam derrapou na estrada molhada por causa da forte chuva e acabou batendo em um muro. Duas das cinco integrantes acabaram perdendo a vida. O grupo ficou em *hiatus* até fevereiro de 2016, quando as três integrantes restantes fizeram seu *comeback* mostrando superação **(VAMOS DAR AMOR A ESSE GRUPO?).**

Em 2015, uma *fancam* de "Me Gustas Tu", do grupo GFRIEND, viralizou mundialmente. O motivo? Nos primeiros 25 segundos de música, uma das meninas caiu por causa do palco molhado. Mas não para por aí! No decorrer da música, ela continua caindo, enquanto outras integrantes escorregam e caem também. No total foram sete tombos, mas nenhum deles impediu que as artistas continuassem com a apresentação, dando um show de profissionalismo. O fato acabou ajudando na popularização do grupo e da música.

Para quem é novo no K-Pop e for procurar por "EXO" no YouTube, pode ficar um pouco perdido ao se deparar com termos como EXO-K e EXO-M. Na verdade, quando lançado, o grupo EXO tinha duas variações, uma para a Coreia do Sul (EXO-K) e outra para a China (EXO-M). Tendo membros de etnia coreana e chinesa, eles divulgavam seus *singles* nos dois países, gravando a mesma música e MV em duas versões, onde o grupo da região ficava com o maior destaque. Infelizmente o grupo sofreu com a saída de três membros chineses, desfalcando o EXO-M. Assim, a SM Entertainment, a empresa responsável, decidiu manter um único grupo, o atual EXO.

Falando na SM Entertainment, eles também têm o NCT, um projeto diferente de tudo que já vimos: um grupo masculino que possui aproximadamente 40 membros (até o momento). No entanto, eles estão sendo lançados apenas em forma de *units* (que já explicamos no dicionário o que é), cada uma seguindo uma espécie de conceito. Por exemplo: até o momento tivemos NCT U (que foi divulgada como a *unit* principal), NCT 127 (*unit* coreana, tanto que o 127 é a coordenada de longitude de Seul) e a NCT DREAM (*unit* formada apenas por membros menores de idade). É importante lembrar que um mesmo membro pode aparecer em mais de uma *unit*, como é o caso do Mark, além de que uma mesma *unit* pode fazer comeback com adição de membros novos ou trocados, como foi o caso do NCT 127. Parece confuso, mas com o tempo a gente acaba entendendo.

O grupo com maior tempo de carreira, sem interrupções, é o SHINHWA. Eles tiveram o seu *debut* em 1998 e se mantêm ativos até hoje! Inclusive, depois de uma longa briga na justiça com a SM Entertainment, o grupo finalmente conseguiu os direitos do nome e abriram a própria empresa: a SHINHWA COMPANY!

Em 2011, enquanto as meninas do Girls' Generation apresentavam "Run Devil Run" em um festival de música, um homem da plateia invadiu o palco pelos bastidores e tentou arrastar a TAEYEON de lá segurando a jovem pelo pulso. Enquanto algumas integrantes continuaram se apresentando sem entender o que estava acontecendo, Sunny reagiu rapidamente para tentar salvar a sua colega. O homem foi detido logo em seguida pelo apresentador e pela equipe de segurança do local. Mesmo depois do ocorrido, Taeyeon voltou para o palco e terminou a apresentação ao lado das meninas, mostrando o profissionalismo que existe no K-Pop.

Como já citamos, REALITY SHOWS de sobrevivência estão cada vez mais populares no K-Pop. Em 2015, a Mnet deu início ao megalomaníaco 'Produce 101', em que reuniram 101 *trainees* de 46 empresas de entretenimento em uma disputa para terem a chance de debutar em um grupo temporário composto de apenas 11 garotas. No caso, o grupo iria performar e promover-se por um ano e, com o fim do contrato, as garotas voltariam para as suas respectivas empresas. Uma das coisas mais marcantes no programa foi a icônica apresentação das 98 GAROTAS (pois três haviam desistido de participar) de "Pick Me", a canção tema do show. O programa, que foi um sucesso, originou o grupo I.O.I (um trocadilho com 101), que encerrou as atividades no dia 31 de janeiro de 2017. A empresa já divulgou que está trabalhando na segunda temporada para o ano de 2017, mas desta vez com 101 garotos.

✮

Circula no FANDOM de EXO que uma *sasaeng* (fã obcecada, como já explicamos lá no dicionário!) comprou uma van idêntica ao que o grupo utiliza, estacionou na frente do dormitório dos meninos e deixou a porta aberta, aguardando a saída dos meninos. Quando Luhan, um ex-membro, estava quase entrando no veículo, um dos seus empresários percebeu o que estava acontecendo e o puxou para longe.

Ainda sobre histórias de SASAENG, o Taecyeon, do 2PM, diz já ter recebido uma carta de uma fã escrita com sangue menstrual junto com pelos pubianos e com a seguinte mensagem: "Dedico o meu sangue menstrual para Ok Taecyeon. Você não pode viver sem mim." Então tá, né?

Inclusive, existem serviços de táxis específicos para SASAENGS, em que podem chegar a cobrar cerca de 500,00 dólares (aproximadamente R$ 1.550,00) por nove horas de corrida perseguindo um *idol* pela cidade.

O grupo OH MY GIRL já foi detido, por engano, no aeroporto dos Estados Unidos. A

WM Entertainment, empresa responsável pelo grupo, não divulgou muita informação sobre o motivo do ocorrido, mas a principal suspeita, PASMEM, é que elas foram confundidas com garotas de programa devido à quantidade de roupas e acessórios que carregavam (UM POUCO DE MEDO DO QUE TINHA NESSAS MALAS, NÉ?). Outra hipótese é que foi um problema com o visto das garotas, que deveriam se apresentar em Los Angeles. Depois de quinze horas de espera, o grupo retornou para a Coreia do Sul.

O K–POP É uma febre que vem crescendo cada vez mais no Brasil e ao redor do mundo. Por ser um gênero musical inovador acaba despertando preconceito em quem não está acostumado a diferentes culturas. Justificativas como "é música para criança", "eu não entendo nada do que eles cantam" ou "é um monte de gente igual cantando uma música engraçada" acabam sendo argumentos pejorativos que prejudicam a divulgação de uma arte única, divertida e inclusiva. É claro que tendemos a renegar tudo o que é desconhecido para nós, mas o K-Pop veio para ajudar a quebrar essa barreira junto aos fãs. Obviamente, muitas coisas da cultura oriental são tão opostas da nossa aqui no Ocidente que ficamos perdidos tentando compreender a dinâmica do universo KPOPPER. Contudo, é impossível negar o fascínio que sentimos ao entrar de corpo e alma no K-Pop. Como qualquer outro gênero musical, o K-Pop não tem idade, gênero ou raça.

Ser fã de K-Pop é muito mais do que gostar de um grupo ou artista. O KPOPPER é uma peça importante na estrutura do gênero musical. O fã faz parte também, as empresas de entrete-

nimento pensam nele em primeiro lugar. E, por ser um mundo tão diversificado, é um bom lugar para se fazer novos amigos. Ir a eventos e participar de comunidades com pessoas que também amam e compartilham dos mesmos gostos que você. Ter vontade de viajar e de conhecer um novo país com uma cultura rica e distinta da nossa. É defender e panfletar o seu grupo favorito, na expectativa de que ganhe visualizações suficientes e não corra o risco de dar DISBAND. É respeitar todos os grupos (inclusive os que não acompanha). É calcular o fuso horário para saber a que horas será o lançamento no Brasil. É fazer um exercício danado tentando aprender a coreografia de uma música que admira muito. É gritar "QUE HINOOOO" para uma música recém-lançada, mesmo que você só tenha escutado três segundos dela. É digitar "BUY FREE SOMEBODY ON ITUNES" (ou adicione aqui o *single* atual do seu grupo/artista favorito) em qualquer post sobre K-Pop que você encontra na sua TIMELINE. É chorar toda vez que relê a história do STELLAR. É perceber que você era muito superficial ao achar que todos os artistas eram parecidos. É compreender o preconceito

ao chamar qualquer oriental de "japa", e que japoneses, coreanos e chineses são, sim, diferentes. É estar obcecado e passar 80% do seu tempo falando sobre K-Pop e, nos outros 20%, torcer para alguém citar K-Pop para você poder falar mais um pouco. É saber que existem vários gêneros musicais e que todos merecem ser respeitados. É APRENDER TANTA COISA NOVA QUE NÃO CABERIA EM UM LIVRO.

É claro que não somos especialistas com doutorado em K-Pop para falar sobre tudo o que engloba este gênero artístico fabuloso. Mas, ainda assim, nos sentimos felizes por termos propagado a palavra da santidade capoeira e mostrado como a indústria e a comercialização do K-Pop são geniais. Tentamos compartilhar o pouco que sabemos, somado a diversas pesquisas pela internet e em livros, e até mesmo com a ajuda de amigos, evitando repassar qualquer informação errada (OBRIGADO, THIAGO E BIBOCATS! VOCÊS SÃO PARTE DISSO).

Por isto, queremos encerrar indicando locais bacanas para saber mais sobre K-Pop e a Coreia do Sul:

BABI DEWET

(www.youtube.com/weareGDproductions)
Além de ser uma escritora supertalentosa, a Babi foi umas das primeiras youtubers a falar de K-Pop no Brasil com o programa *Fantastic Baby*! e também é a responsável pelos episódios brasileiros do canal Dramafever (a maior dorameira que você respeita!).

IAGO ALEIXO

(www.youtube.com/CanalIagora)
O Iago fez parte do Champs, um grupo brasileiro que foi produzido nos padrões do K-Pop (inclusive ensaiaram na Coreia do Sul com produtores locais). Hoje ele tem um canal no YouTube sobre K-Pop, além de fazer parte de um grupo de dança que faz cover de K-Pop e produz suas próprias músicas.

THAIS GENARO

(www.youtube.com/cafedekpop)
A Thais é uma youtuber maravilhosa que também fala de K-Pop, de forma bem-humorada e divertida. É fã de MONSTA X também, o que já garante a carteirinha de MELHOR PESSOA DESSA INTERNET!

THAIS MIDORI

(www.youtube.com/MidoriThais)

Mais uma youtuber para a listinha! A fofa da Midori fez recentemente um intercâmbio de um ano pela Coreia do Sul e mostrou muita coisa do país, além de passear e conhecer algumas agências de K-Pop.

NUNCA PAUSE O MV

(www.facebook.com/npomv)

É uma página do Facebook sobre K-Pop que divulga novidades, notícias, e promove enquetes e outras brincadeiras divertidas. Eles também possuem um canal no YouTube que é apresentado pela fofa da Carol Dadalto.

SARANGINGAYO

(www.sarangingayo.com.br)

Desde 2008, é o maior portal de música e cultura coreana no Brasil. Comandado pelas lindonas Natália Pak e Érica Iemenes, o site reúne várias notícias e informações de músicas, cultura e entretenimento sul-coreano.

QUASE UMA
ENCICLOPÉDIA!

E o guia de K-Pop chega ao fim, espero que vocês tenham gostado! Se gostaram, não esqueçam de dar cinco estrelas no Skoob e compartilhar com os seus amigos em todas as redes sociais. E se você quiser conhecer um pouco mais do nosso trabalho, visite o nosso canal e redes sociais que vão estar citadas na nossa bio (que está na orelha do livro). Já aproveitem e sigam a nossa PLAYLIST do Spotify só com hinões de K-Pop, é só pesquisar por "K-Popozudas" lá no aplicativo (ou acessar esse *link* aqui http://bit.ly/KPopozudas).

159

BEIJOCAS E
ATÉ O PRÓXIMO
LIVRO!

A ÚLTIMA VEZ QUE ESSAS QUATRO ESTIVERAM JUNTAS EM UM PALCO FOI ICÔNICO!

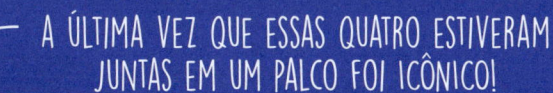

2NE1

UM DISBAND QUE NUNCA IREMOS SUPERAR :(

4 MINUTE

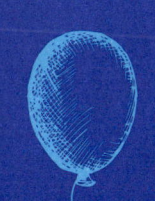

BiG BANG

PRÍNCIPES
COREANOS

BLOCK B

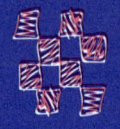
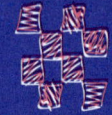

SINÔNIMO
DE HINÃO

EXO

REIS DA NAÇÃO

GFRiEND

VOCÊ QUER COREOGRAFIA SINCRONIZADA, MORE?

ENTÃO TOMA GFRIEND!

ATUALMENTE, UM DOS GRUPOS MAIS POPULARES AQUI NO BRASIL (E NO MUNDO)!

BTS

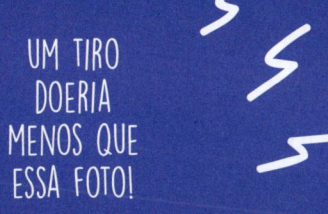

UM TIRO
DOERIA
MENOS QUE
ESSA FOTO!

GIRLS GENERATION

DEUSAS
COREANAS

DONAS DO K-POP!

i.O.i

QUANTOS
PICK ME
ESSAS PRINCESAS
MERECEM?

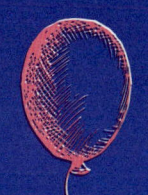

EU GRITO "FAROFA DAS BOAS"
E VOCÊS
ME RESPONDEM...

 RED

 VELVET

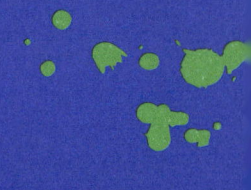

GOT7

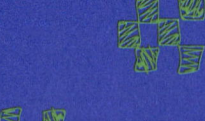

EU NÃO ACREDITO QUE
O GOT7 INVENTOU A
BELEZA E A AUTOESTIMA!

GOT7

MONSTA X

REEEEEEEEEEEEEEEEEISSSSSSSSSSS!

 PISA MENOS, MONSTA X!

SHINEE

QUASE 10 ANOS DE SUCESSO NÃO É PARA QUEM QUER, É PARA QUEM PODE!

WONDER GIRLS

SAUDADE, JÁ NÃO SEI SE É A PALAVRA CERTA PARA USAR...

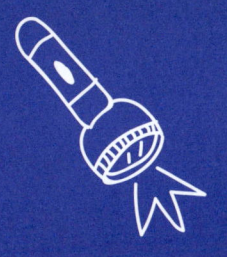

DONAS E PROPRIETÁRIAS DA EMPRESA LEMISSI

CIP—BRASIL. CATALOGAÇÃO NA PUBLICAÇÃO
SINDICATO NACIONAL DOS EDITORES DE LIVROS, RJ

P494m
3 . ed.

Pereira, Pedro
O melhor guia de K-Pop real oficial / Pedro Pereira, Hugo Francioni.
- 3 . ed. -- Rio de Janeiro: Galera Record, 2018.
:il.

ISBN: 978-85-01-11035-0

1. Comportamento - Literatura juvenil. I. Francioni, Hugo. II. Título.
17-41106
CDD: 028.5
CDU: 087.5

TEXTO REVISADO SEGUNDO O NOVO ACORDO ORTOGRÁFICO DA LÍNGUA PORTUGUESA.

DESIGN DE CAPA E MIOLO E ILUSTRAÇÕES: TITA NIGRÍ

DIREITOS EXCLUSIVOS DESTA EDIÇÃO RESERVADOS PELA
EDITORA RECORD LTDA.
RUA ARGENTINA — 171 — RIO DE JANEIRO, RJ — 20921-380 — TEL.: (21) 2585-2000.

IMPRESSO NO BRASIL

ISBN 978-85-01-11035-0

SEJA UM LEITOR PREFERENCIAL RECORD.
CADASTRE-SE E RECEBA INFORMAÇÕES SOBRE NOSSOS LANÇAMENTOS
E NOSSAS PROMOÇÕES.

ATENDIMENTO E VENDA DIRETA AO LEITOR
MDIRETO@RECORD.COM.BR OU (21) 2585-2002.

O texto deste livro foi composto nas
fontes Avenir, criada por Adrian Frutiger
e DK LEMON YELLOW SUN, criada por Hanoded.
Miolo impresso em papel off set 90g
na gráfica Stamppa